Friederike Hohenstein | Helen Heitmann
**Wie geht modernes Arbeiten
in produzierenden Betrieben?**

Wir übernehmen Verantwortung! Ökologisch und sozial!
- Verzicht auf Plastik: kein Einschweißen der Bücher in Folie
- Nachhaltige Produktion: Verwendung von Papier aus nachhaltig bewirtschafteten Wäldern, PEFC-zertifiziert
- Stärkung des Wirtschaftsstandorts Deutschland: Herstellung und Druck in Deutschland

Friederike Hohenstein
Helen Heitmann

WIE GEHT MODERNES ARBEITEN IN PRODUZIERENDEN BETRIEBEN?

37 Tools zur Steigerung der Arbeitgeberattraktivität

Externe Links wurden bis zum Zeitpunkt der Drucklegung des Buches geprüft.
Auf etwaige Änderungen zu einem späteren Zeitpunkt hat der Verlag keinen Einfluss.
Eine Haftung des Verlags ist daher ausgeschlossen.

Ein Hinweis zu gendergerechter Sprache: Die Entscheidung, in welcher Form
alle Geschlechter angesprochen werden, obliegt den jeweiligen Verfassenden.

Bibliografische Information der Deutschen Nationalbibliothek

Die Deutsche Nationalbibliothek verzeichnet diese Publikation in der
Deutschen Nationalbibliografie; detaillierte bibliografische Daten
sind im Internet über http://dnb.d-nb.de abrufbar.

ISBN 978-3-96739-225-8

Lektorat: Susanne von Ahn, Hasloh
Umschlaggestaltung: Martin Zech, Bremen
Autorenfoto: Friederike Hohenstein | Helen Heitmann
Satz und Layout: Das Herstellungsbüro, Hamburg, www.buch-herstellungsbuero.de
Druck und Bindung: Salzland Druck GmbH & Co. KG, Löbnitzer Weg 10, D-39418 Staßfurt,
vertrieb@salzland-druck.de

Copyright © 2025 GABAL Verlag GmbH, Schumannstraße 155, D-63069 Offenbach,
info@gabal-verlag.de

Alle Rechte vorbehalten. Vervielfältigung, auch auszugsweise, nur mit schriftlicher
Genehmigung des Verlags. Der Verlag behält sich das Text- und Data-Mining nach
§ 44b UrhG vor, was hiermit Dritten ohne Zustimmung des Verlages untersagt ist.

Wir drucken in Deutschland.

www.gabal-verlag.de
www.gabal-magazin.de
www.facebook.com/Gabalbuecher
www.x.com/gabalbuecher
www.instagram.com/gabalbuecher

PEFC-zertifiziert
Dieses Produkt
stammt aus
nachhaltig
bewirtschafteten
Wäldern und
kontrollierten Quellen
PEFC/04-31-2251   www.pefc.de

Inhalt

1. Attraktive Personalarbeit – das A und O für den modernen produzierenden Betrieb   7

2. Die neue intelligente Produktionswelt   15
    2.1 Industrielle Fertigung: Arbeitsgestaltung im Wandel **19**
    2.2 New Work in der Produktion ist unmöglich – oder nicht? **23**

3. Der Employee Lifecycle: Arbeitgeberattraktivität in allen Phasen des betrieblichen Lebenszyklus sicherstellen   31
    3.1 Phase 1: Talent Attraction in der heutigen Zeit – Selbstmarketing als Überlebensmaßnahme **34**
    3.2 Phase 2: Recruiting in herausfordernden Zeiten – der Blick über den Tellerrand **45**
    3.3 Phase 3: Onboarding – wenn Talente vom Outsider zum Insider einer Organisation werden **64**
    3.4 Phase 4: Development – das wichtigste Investment: Die Entwicklung der eigenen Belegschaft **79**
    3.5 Phase 5: Retention – Mitarbeitende halten: die schwierigste Aufgabe eines Unternehmens **98**
    3.6 Phase 6: Offboarding – das Band fürs Leben knüpfen **123**

4. Die Veränderungen richtig umsetzen: Change-Management als Hebel **138**

    4.1 Change-Management: Heiße Luft oder echter Hebel? **139**

    4.2 The best team wins **143**

    4.3 Ohne Kommunikation ist alles nichts **149**

5. Employee Lifecycle: An Bedeutung nicht zu unterschätzen **154**

37 Tools **159**

Stichwortverzeichnis **161**

Anmerkungen **163**

Quellenverzeichnis **164**

Über die Autorinnen **167**

1. Attraktive Personalarbeit – das A und O für den modernen produzierenden Betrieb

Strategisch aufgestellte Personalarbeit ist der wahrscheinlich am meisten unterschätzte Hebel für den Unternehmenserfolg. Eine Business-Strategie ohne untermauernde Personalstrategie kann nicht funktionieren. Beide Komponenten müssen zwangsläufig Hand in Hand gehen: Das Unternehmen will wachsen? Dann muss sich dies in der Personalplanung widerspiegeln. Das Unternehmen will neue Märkte erschließen? Dann muss dies in die Personalentwicklungsstrategie eingebunden werden. Das Unternehmen verliert im größeren Stil Mitarbeitende? Dann benötigt es eine Personalstrategie zur Mitarbeiterbindung. Die Liste an Einflüssen von Personalarbeit auf die Unternehmensziele ließe sich beliebig lang fortsetzen. Ein Unternehmen ist nur so gut wie die Menschen, die dort arbeiten. Und um die Menschen kümmert sich in einem Unternehmen die Personalabteilung. Daher ist es wichtig, diese relevante Abteilung des Unternehmens strategisch aufzustellen, als relevanten Key-Player zu identifizieren und in den Aufbau eines ganzheitlich gedachten und gelebten Personalmanagements zu investieren.

Besonders in kleinen und mittelgroßen Unternehmen (KMU), darunter wiederum vor allem in produzierenden Betrieben, ist die Personalarbeit häufig von administrativer Zuarbeit geprägt und hat mit den strategischen Inhalten wenig Berührung. Dies wird sich mittelfristig als ein Problem herausstellen, denn gerade in wirtschaftlich herausfordernden Zeiten, die vom Fachkräftemangel gekennzeichnet sind, muss die Personalarbeit die Geschäftsführung unterstützen, damit Ziele erreicht werden und Mitarbeitende gehalten bzw. gewonnen werden können.

> Der Begriff *KMU* umfasst Kleinstunternehmen, kleine Unternehmen und mittlere Unternehmen. Das Statistische Bundesamt definiert Kleinstunternehmen als Unternehmen mit bis zu neun tätigen Personen und einem Umsatz von bis zu 2 Millionen Euro, kleine Unternehmen sind Unternehmen von bis zu 49 Mitarbeitenden und bis zu 10 Millionen Euro Umsatz und mittlere Unternehmen sind solche mit bis zu 249 Mitarbeitenden und bis zu 50 Millionen Euro Umsatz.[1]

Die deutsche Wirtschaft steckt infolge der global zunehmenden Krisen schon seit einigen Jahren in einer angespannten Situation, die Prognosen zum Wirtschaftswachstum nähern sich der Nulllinie an. Eine schwierige Zeit für Unternehmen, die sich mit unterschiedlichen Herausforderungen konfrontiert sehen: Einerseits verlagern viele Unternehmen ihre Produktion ins Ausland und andererseits haben etliche Unternehmen Schwierigkeiten, geeignetes Fachpersonal zu finden.

Medial ist dieses Thema stets sehr präsent. Einem angekündigten Stellenabbau stehen Meldungen gegenüber, dass bis 2030 auf dem deutschen Arbeitsmarkt bis zu 4 Millionen Arbeitskräfte fehlen werden.[2] Wir befinden uns in einer Welt, die von Ambivalenz geprägt ist.

Der demografische Wandel wird zu einem Problem für die deutschen Unternehmen, denn eine große Vielzahl von Fachkräften wird in den nächsten Jahren in Rente gehen. Natürlich scheint eine Verlagerung von Produktionskapazitäten in sogenannte *best cost countries*, also Länder, die sich durch ein Übermaß an Fachkräften und sehr niedrige Gehaltsniveaus auszeichnen, eine schnelle und vermeintlich einfache Lösung. Jedoch sind vor allem kleinere und mittelgroße Unternehmen in ihren Gemeinden historisch sehr verwachsen und der Schritt einer Verlagerung gilt oft als letzte oder auch als gar keine Option. Um hier den Herausforderungen produktiv und aktiv zu begegnen, ist es notwendig, dass man sich als Arbeitgeber dem Menschen widmet. Das zentrale Thema der Zukunft lautet: Arbeitgeberattraktivität. Denn: Je glücklicher und engagierter sich Mitarbeitende in einem Unternehmen entfalten können, desto höher die Produktivität, die Innovationskraft, die Mitarbeiterbindung und desto leichter die Anwerbung von neuen Talenten.

Es ist also von elementarer Bedeutung, dass sich Unternehmen jeglicher Größe intensiv mit ihrer Personalarbeit auseinandersetzen, diese strategisch aufstellen und für die Mitarbeitenden einen attraktiven und wertschätzenden Employee Lifecycle aufbauen.

Stand in den vergangenen Jahren selbstverständlich die Kundenzentrierung im Mittelpunkt, muss dieser Fokus nun stark erweitert werden und auf die einzelnen Mitarbeitenden ausgedehnt werden. Warum? Weil wir nur dadurch ein wettbewerbsfähiges Umfeld schaffen, in dem Menschen gerne arbeiten und sich mit vollem Einsatz einbringen. Die Erwartungshaltungen, Bedürfnisse und Wünsche der Menschen zum Thema haben sich in den letzten Jahren grundlegend geändert und hier müssen Unternehmen vorbereitet sein, um diesem Umschwung zu begegnen. Wir haben uns als Gesellschaft verändert und werden uns nicht mehr zurückentwickeln.

Die Covid-19-Pandemie hat gezeigt, wie schnell Unternehmen es schaffen können, sich mithilfe von gezielten Maßnahmen auf neue Bedingungen einzustellen. Als sich im Februar 2020 eine seltsame Lungenkrankheit auf der Erde ausbreitet und in stetig steigender Geschwindigkeit die Macht über die Menschheit übernimmt, steht die Welt zunächst Kopf. Alles, was davor unsere Arbeitsnormalität geprägt hat, muss verändert werden und Unternehmen stehen vor der Frage, wie der Betrieb überhaupt aufrechterhalten werden kann. Nach drei Wochen Coronavirus arbeiteten in Deutschland auf einmal »alle« von zu Hause. Der Esstisch wurde zum Schreibtisch umgebaut, Bildschirm drauf, Laptop angeschlossen, Videokonferenz an. Am Anfang herrschte noch große Aufregung über den Zustand und ach, wie witzig war es doch, dass man auf einmal das Zuhause der Kollegen sah. Hatte Michael wirklich eine so komische Tapete im Wohnzimmer? Und wieso sprang Tina dauernd ihr Hund auf den Schoß? Jeder kennt die immer gleichen Rituale der Telefonkonferenzen: *Du bist stummgeschaltet. Wir sehen deinen Bildschirm noch nicht. Sorry, ich bin gerade aus der Leitung geflogen, meine Frau hat auch gerade einen Call und das Internet macht das nicht mit. Meine Kamera muss heute leider ausbleiben ...*

Eine Aufregung, die sich schnell in Normalität verwandelte – alle sprachen vom sogenannten New Normal. Morgens kein Arbeitsweg mehr ins

Büro, die Business-Klamotten seit Monaten nicht getragen im Schrank, flexibel arbeiten, wie man will, auch gerne nachts. Alles war erlaubt und wurde schnell in einer neuen *Flexible Work Policy* vom Unternehmen zusammengefasst. Es war ein Momentum: Auf einmal sprachen alle von New Work.

> Eine unternehmensspezifische *Flexible Work Policy* ist für Mitarbeitende und Führungskräfte eines Unternehmens eine Art Governance. Darin werden die Rahmenbedingungen für die hybride Zusammenarbeit im Unternehmen beschrieben. Dort kann zum Beispiel geregelt sein, wie viele Tage Mitarbeitende im Schnitt flexibel ihre Schichten einteilen dürfen oder wann außerhalb der Produktionsstätte gearbeitet werden kann.

»Wir arbeiten jetzt im New-Work-Style«, hörte man stolz die Firmenchefs verkünden, die New Work als reine Remote-Arbeit interpretierten. Was vor der Pandemie als undenkbar galt, war schon nach wenigen Tagen der Normalzustand: Arbeiten mithilfe von digitalen Tools, von zu Hause aus, flexibel und überraschend selbstbestimmt. Was anfangs noch als ein Experiment für wenige Wochen gedacht war, wurde schnell zu einem verstetigten Dauerzustand. Aus der anfänglichen Unsicherheit, dass die Produktivität sinken könnte und Mitarbeitende machen, was sie wollen, wurde rasch die Gewissheit, dass diese flexible Arbeitsform auch viele Vorteile mit sich bringt. Manche Unternehmen kündigten sogar kurzerhand Mietflächen, denn so gesehen würde langfristig kein Mitarbeiter und keine Mitarbeiterin mehr einen eigenen Arbeitsplatz im Büro brauchen, da alle diesen auch zu Hause hätten. Das war zumindest damals die Überlegung.

Inmitten dieser großen Veränderung wurde eine relevante Arbeitnehmergruppe in Deutschland vergessen: Mitarbeitende in Produktionsbetrieben der industriellen Fertigung. Ihre Situation sah und sieht noch heute ganz anders aus. Sie haben sich keinen Schreibtisch zu Hause eingerichtet. Eine Werkbank oder gar eine ganze Produktionslinie lässt sich nicht mit nach Hause nehmen. Der Arbeitsalltag musste trotz aller durch die Pandemie bedingten Einschränkungen irgendwie weitergehen. Also fuhren diese Beschäftigten weiter zur Arbeit und mussten streng auf Hygieneregeln achten. Maskenpflicht, Abstandsregelungen, abgesperrte Stühle in der Kantine und im Pausenraum waren etwas ganz Normales. Eine Schicht tauschen? Plötzlich unmöglich. Die Anzahl der möglichen Kontakte im Unternehmen musste so gering wie möglich gehalten werden. Und das alles, während die Kinder zu Hause betreut werden sollten, weil Kinder, anders als ihre Eltern, ihre Schulaufgaben auch vom heimischen Schreibtisch aus machen konnten.

Vom viel besprochenen New Work war hier erst einmal nicht viel zu spüren. Wer einen Bildschirmarbeitsplatz hatte und keine körperliche Arbeit im Unternehmen verrichtete, war auf einmal als *White-Collar*-Arbeitnehmer gezwungen, von zu Hause aus tätig zu sein. Ganz anders sah und sieht die Situation bis heute bei den sogenannten *Blue-Collar*-Arbeitskräften aus. Während die White-Collar-Beschäftigten sehr stark von den neu gewonnenen Privilegien profitieren, hat sich die Arbeitswelt für die Blue-Collar-Kräfte bis heute nicht viel verändert. Homeoffice in der Produktion? Undenkbar. Zeitliche Flexibilität in der Schicht? Nicht erwägt. Mitbestimmung? Wenig vorhanden. Wir haben also unsere White-Collar-Gesellschaft in die New-Work-Ära katapultiert und dabei unsere Blue-Collar-Arbeitskräfte vergessen.

> *White-Collar*-**Arbeitskräfte sind Mitarbeitende in einem Unternehmen, die überwiegend einen klassischen Bildschirmarbeitsplatz haben und keine körperliche Arbeit verrichten.**
>
> *Blue-Collar*-**Arbeitskräfte sind Mitarbeitende in einem Unternehmen, die überwiegend körperliche Arbeit abseits des Schreibtisches verrichten.**

Sind wir so noch attraktiv für diese Gruppe an Beschäftigten? Wir glauben nicht.

Wir wollen und müssen etwas ändern, um in der Zukunft überhaupt noch Talente für die Produktion zu finden. In Deutschland gab es im Jahr 2023 8,13 Millionen Menschen, die ihren Lebensunterhalt in der produzierenden Industrie verdienten.³ Eine beeindruckend große Gruppe an Beschäftigten, deren Erwartungshaltung und Ansprüche an Arbeitgeberattraktivität sich verändern bzw. verändern werden. Es werden immer neue Generationen auf den Arbeitsmarkt kommen, die nicht mehr bereit sind, in den vorhandenen starren Strukturen ihrer Erwerbsarbeit nachzugehen. Entwicklung, Perspektive, Lernen – all dies werden relevante Elemente für diese Arbeitsplätze sein. Während in den vergangenen Jahren die White-Collar-Belegschaft einen hohen Zugewinn an Freiheit, Flexibilität und Selbstwirksamkeit verbuchen konnte, müssen wir uns nun darum kümmern, dass wir im eng gesteckten Rahmen für die Blue-Collar-Beschäftigten nachziehen und auch hier den Fokus auf Mitbestimmung, Flexibilität und Entwicklung legen.

An dieser Stelle muss die Personalarbeit eines Unternehmens strategisch aufgesetzt sein und anders agieren als bisher. Das Verständnis, dass Personalarbeit aus rein administrativer Tätigkeit besteht, die vor allem dafür sorgt, dass die Löhne am Ende des Monats gezahlt und die Meldepflichten eingehalten werden, muss aufgebrochen werden. Personalarbeit ist und kann so viel mehr. Richtig angegangen haben wir hier den Hebel, der helfen wird, Unternehmen auf die Herausforderungen der Zukunft vorzubereiten. Dafür braucht es einen Ansatz, der sicherstellt, dass die strategische Personalarbeit in den gesamten Mitarbeiterlebenszyklus verwoben ist. Doch wie soll dieser Wandel in der Produktion gelingen? Die Verbindung von theoretischen Ansätzen aus der Wissenschaft mit in der Praxis erprobten Initiativen hilft, Antworten auf die relevanten Fragen zu geben. Modernes People-Management hört nicht am Bildschirm auf, sondern lässt sich mit einigen Tricks und Tipps auf die Industrie übertragen.

Große Unternehmen haben hier oft durchgesteuerte Programme, die von einer strategischen Personaleinheit getragen und navigiert werden. Wir sehen die größte Herausforderung bei kleineren und mittelgroßen Unternehmen, die dieselben Probleme haben wie die großen, jedoch weniger Ressourcen und Kapazitäten, um sich hier anders aufzustellen. Für genau diese Unternehmen wollen wir Impulse setzen, denn was sich auf den ersten Blick als unlösbare Anforderung darstellt, lässt sich mit einem neuen Verständnis von Personalarbeit und einfachen Tools schon praktisch verändern. Wichtig ist uns hierbei, dass Personalmanagement ein Teamsport ist. Die Personalabteilung gibt den Takt vor, aber nur gemeinsam mit der Geschäftsführung, den Führungskräften sowie der gesamten Belegschaft kann es gelingen, die Weichen für die Zukunft richtig zu stellen.

Wir sprechen die ganzheitlichen Verbindungen der einzelnen Schritte im Employee Lifecycle (siehe folgende Abbildung) an:

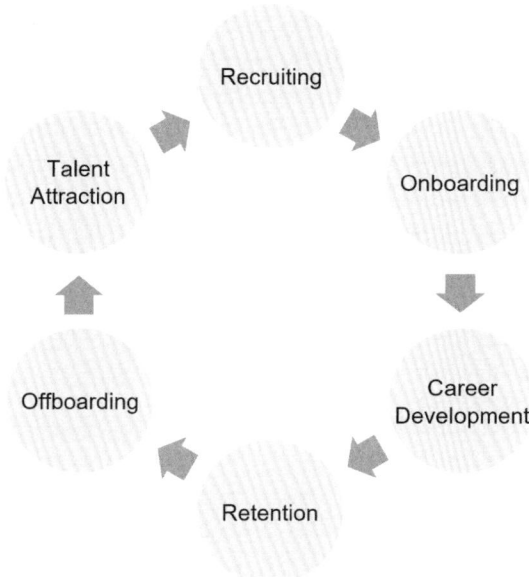

Alle Phasen des Employee Lifecycles

Angefangen bei der Werbung um neue Talente, dem Recruiting, über die ersten Schritte im neuen Unternehmen, die Entwicklung, die Mitarbeiterbindung und den Austritt – all diese Phasen sollten neu und strategisch aufgesetzt werden, um als Unternehmen für alle vorhandenen, aber auch für alle neuen Mitarbeitenden maximal attraktiv zu sein. Es muss ganzheitlich gedacht werden: Alles hat auf alles einen Einfluss, nichts ist zu vernachlässigen.

Wir wollen verdeutlichen, dass auch der produzierende Betrieb sich an die Anforderungen von Gegenwart und Zukunft anpassen kann. Standards und Tools helfen, sich auf die neuen Generationen am Arbeitsmarkt einzustellen.

Wir haben bereits festgestellt, dass eine erfolgreiche Unternehmensstrategie eine passende Personalstrategie enthalten muss. Dabei ist der Employee Lifecycle ein wichtiger Faktor für die erfolgreiche Umsetzung der Personalstrategie. Doch bevor wir in die unterschiedlichen Abschnitte des Mitarbeiterlebenszyklus einsteigen, wollen wir genauer verstehen, wie sich die Arbeit in der produzierenden Industrie in den vergangenen Jahrzehnten verändert hat, welche Einstellungen heute vorliegen und wie wir diesen Veränderungen begegnen können, um langfristigen Erfolg sicherzustellen. Und da Erfolg sich nicht allein an unternehmerischen Kennzahlen ablesen lässt, sondern auch an relevanten Kennzahlen der Personalarbeit (wie zum Beispiel der Fluktuationsquote), ist dieses Buch nicht ausschließlich für Personaler gedacht, sondern auch für Unternehmensleitungen und Führungskräfte, die erkannt haben, dass sich etwas ändern muss. Die Anforderungen haben sich verändert und darauf wollen wir uns gemeinsam einstellen.

2. Die neue intelligente Produktionswelt

Die vergangenen Jahre haben gezeigt, dass selbst kleine Veränderungen ein sorgsam gepflegtes System immens beeinflussen können. Wie zum Beispiel ein Frachtschiff, das 2021 im Suezkanal auf Grund gelaufen ist. Die Havarie eines einzigen Schiffes hat globale Lieferketten für Wochen blockiert. Ein Frachtweg, der normalerweise innerhalb von zwei Wochen bestritten werden konnte, hat durch dieses Unglück plötzlich mehr als doppelt so viel Zeit beansprucht. Wichtige Waren und Rohstoffe konnten nicht rechtzeitig geliefert werden und Wertschöpfungsketten wurden für eine lange Zeit negativ beeinflusst. Eine wahre Katastrophe für das Supply-Chain-Management, also das Management aller Lieferketten in einem Unternehmen. Nach Jahren von *Lean Management* und *Just-in-time*-Produktion waren die Lagerbestände wichtiger Produktionsrohstoffe schnell leer und der Backlog, also der Auftragsbestand, hat sich rasant aufgestaut. Für die Unternehmen ein großes Problem, denn was nicht produziert wird, kann auch nicht abgerechnet werden.

> **Lean Management** ist eine Unternehmensphilosophie, die darauf abzielt, Prozesse effektiver und effizienter zu gestalten. Das Ziel ist es, Verschwendung zu beseitigen und die Wertschöpfungskette zu optimieren.
>
> Beim *Just-in-time*-Produktionsansatz (JIT) werden die Materialien mengengenau erst dann geliefert, wenn sie tatsächlich für die Herstellung gebraucht werden.

Das Beispiel verdeutlicht: Ein unplanbares Ereignis wie ein auf Grund gelaufener Frachter hat einen mächtigen (und sehr teuren) Einfluss auf die globale Wertschöpfungskette. Dieses eine Ereignis konnte relativ schnell behoben werden, es deuten sich jedoch schon sehr viel größere Herausforderungen durch anstehende unkontrollierbare Krisen an. So machen sich die Auswirkungen des Klimawandels mehr und mehr in den globalen Lieferketten bemerkbar. Wetterkatastrophen sind nicht vorhersehbar, nehmen zu und beeinflussen in ansteigender Stärke das globale Wirtschaftssystem. Auch die Regulatorik passt sich an. Für klimapolitische Ziele müssen Unternehmen vermehrt regulatorischen Pflichten nachkommen und durch ESG-Berichterstattung ihr Nachhaltigkeitsengagement unter Beweis stellen. Ein neues Spannungsfeld, das Unternehmen und Mitarbeitende vor Herausforderungen stellt. Denn: Mitarbeitende brauchen hierzu neue Kompetenzen und Unternehmen neue Prozesse – alles zusätzlich zum bestehenden Tagesgeschäft.

Um in Krisensituation angemessen agieren und nicht nur reagieren zu können, bedarf es *organisationaler Resilienz*. Die grundlegende Annahme der organisationalen Resilienz ist die, dass auch im Störungsfall die Funktionalität einer Organisation erhalten bleibt bzw. schnellstmöglich wiederhergestellt werden kann. Dazu müssen in Unternehmen bestimmte Strukturen und Prozesse widerstandsfähig gestaltet werden. Zudem müssen Unternehmen in der Lage sein, ihre Performance im Krisenfall angemessen zu steigern, um unmittelbare oder längerfristige negative Auswirkungen kompensieren zu können. Im Optimalfall werden die Erkenntnisse des Störungsfalls genutzt, um langfristig die Wertschöpfung zu steigern. Dazu müssen Krisen antizipiert und entsprechende Kompetenzen vorgehalten sowie ausgebaut werden.

Organisationale Resilienz ist ein Sammelbegriff für verschiedene Gestaltungsprinzipien auf organisationaler Ebene. Grundgedanke bei der Betrachtung der organisationalen Resilienz ist, dass es gestaltbare Strukturen und Prozesse auf der Ebene der Arbeitsorganisation gibt, die dazu beitragen, gegenüber einer dynamischen Umwelt resilient zu sein. Der Begriff »resilient« meint dabei, die Funktionalität im Hinblick auf bestimmte Outcomes aufrechtzuerhalten oder nach einer Störung schnellstmöglich wiederherzustellen.[4]

Schon in den vergangenen Jahrzehnten wurden durch die Digitalisierung der Produktion viele Routineaufgaben automatisiert. Jedoch ist es durch den Einsatz von KI und *maschinellem Lernen* nun durchaus möglich, Mitarbeitende in ihrem täglichen Tun bei komplexen Analysen zu unterstützen und ganze Prozesse im Unternehmen intelligent, adaptiv und automatisiert zu steuern. Diese neuen technologischen Möglichkeiten zu implementieren und zu steuern, stellt eine Schlüsselkompetenz für die Wettbewerbsfähigkeit eines Unternehmens dar. Damit verbunden steigt der Innovationsdruck, diese neuen Möglichkeiten für sich zu nutzen, um mittel- und langfristig bestehen zu bleiben. Und für die Menschen im Unternehmen bedeutet das, dass sie neue Anforderungen erfüllen und sich dem Wandel anpassen müssen. Um die Potenziale von KI zu nutzen und diese zur Produktivitätssteigerung effektiv einzusetzen, muss sich ein Arbeitgeber anders und neu auf die Bedürfnisse seiner Mitarbeitenden ausrichten. Für Unternehmen bedeuten diese neuen Technologien, dass sie sicherstellen müssen, die richtigen Kompetenzen aufzubauen, um zukunftsweisende Anwendungsgebiete überhaupt erst erschließen zu können.

> *Künstliche Intelligenz (KI)* imitiert menschliche kognitive Fähigkeiten. Sie erkennt eigenständig Informationen aus Eingabedaten und sortiert diese auf der Basis von programmierten Abläufen oder auch maschinellem Lernen. Durch *maschinelle Lernverfahren* ist es möglich, große Datenmengen in kurzer Zeit zu analysieren und zu verarbeiten.[5]

Wenn man die Vielzahl der aktuellen Einflussfaktoren betrachtet, wird deutlich, dass sich die industrielle Fertigung in einem hochkomplexen Spannungsfeld befindet. Nicht zuletzt die Covid-19-Pandemie hat uns gezeigt, dass die Komplexität des Umfeldes, in dem sich Unternehmen bewegen, zunimmt. Kleine und mittelständische Unternehmen in der industriellen Fertigung stehen vor der herausfordernden Aufgabe, vielen komplexen Problemen gleichermaßen und gleichzeitig gerecht zu werden. Sie müssen dynamisch auf diverse Umwelteinflüsse reagieren können. Schaut man sich die Anzahl der zu bewältigenden Krisen an, wird deutlich, dass wir nicht in den alten Normalzustand zurückkehren werden. Arbeitgeber müssen sich stets agil und flexibel anpassen, so kommen auch die bisher in Personalabteilungen genutzten Instrumente an ihre Grenzen. Die zunehmende Volatilität der Märkte, geopolitische Krisen und nicht zuletzt der Fachkräftemangel führen dazu, dass Unternehmen einerseits auf der Suche nach Stabilität sind und auf der anderen Seite unter einem steigenden Innovationsdruck stehen.

Die Vorhersagen darüber, wie die Arbeitswelt der Zukunft aussehen wird, sind noch sehr schwammig. Wir können nur erahnen, wie der produzierende Betrieb der Zukunft aussehen wird. Unbestritten ist, dass unsere Wirtschaft im Wandel begriffen ist und sich die Betriebsabläufe in der industriellen Fertigung grundlegend verändern werden. Es werden sich neue, heute noch unbekannte Formen von Wertschöpfungsketten entwickeln. Auch für die Arbeitsplätze der Menschen und die Gestaltung ihrer Arbeit werden sich grundlegende Veränderungen ergeben.

Doch wie können KMUs es schaffen, die richtigen Schlüsselkompetenzen zu entwickeln, um ihre Organisation resilient, dynamisch und krisentauglich auszurichten? Bevor man sich dem »Wie« widmet, ist eine Analyse des Status quo relevant. Wo stehen wir als Unternehmen eigentlich heute? Dabei helfen einfache Reflexionsfragen bei der Standortbestimmung im eigenen Betrieb.

Tool 1

Reflexionsfragen zur Standortbestimmung des eigenen Betriebs

- Wie digital sind wir am heutigen Tage aufgestellt? Wo haben wir Nachholbedarf?
- Welche manuellen Prozesse können kurzfristig von KI übernommen werden (und welche Arbeitsplätze fallen dann komplett weg)?
- Welche Arbeitsplätze sind von der zunehmenden Automatisierung betroffen?
- Welchen Einfluss haben Automatisierung und KI bei uns im Betrieb auf den Produktionsprozess?
- Gibt es Positionen, die in der Vergangenheit bei einer Krise besonders wichtig waren, oder welche, die potenziell wichtig werden könnten?

- Ist schon jetzt erkennbar, dass sich die Kompetenzen, die unsere Mitarbeitenden benötigen, verändern werden?
- Welche Skills haben wir nicht in unserem Unternehmen, die aber wichtig werden?

Bei allem nötigen organisationalen Wandel kommt hier der Personalarbeit eine Schlüsselrolle zu. Bevor wir über konkrete Maßnahmen sprechen, wollen wir noch einen kurzen Blick auf den Status quo der Gestaltung der Arbeit in der industriellen Fertigung werfen und darauf, welche Rolle das viel besprochene New Work spielt.

2.1 Industrielle Fertigung: Arbeitsgestaltung im Wandel

Die Wertschöpfung ist in der industriellen Fertigung einer der wichtigsten Parameter, der historisch von einem Top-down-Managementansatz geprägt ist. Wer in der Produktion arbeitet, bewegt sich in einem Umfeld, das alles daransetzt, so risikominimierend und gleichzeitig so effizient wie möglich zu agieren. Im gesamten Wertschöpfungsprozess ist häufig wenig Spielraum für eigenständige und kreative Lösungen. Für die meisten der aufkommenden Prozesse oder auch Herausforderungen gibt es ein »Standardvorgehen«, einen Ablauf mit klar definierten Zuständigkeiten, Regeln und Best-Practice-Beispielen. Jeder Schritt in einem Prozess ist klar definiert. Sämtliche Eventualitäten, die während eines Produktionsprozesses auftauchen könnten, werden vorab in einer Handlungsanweisung beschrieben. Wenn sich alle Organisationsmitglieder in einem gewissen, für alle klar abgesteckten Rahmen bewegen, ist das Risiko für Verletzungen möglichst gering. Sicherheit und somit die Gesundheit der Mitarbeitenden hat stets oberste Priorität in einem produzierenden Betrieb. Gleichzeitig ist die Produktivität sichergestellt, denn Zeit stellt im Produktionsalltag einen entscheidenden Faktor für das Geschäftsergebnis dar.

Nicht selten führt diese Art von Management dazu, dass in einigen Bereichen die Dokumentation der Arbeit und die Berichterstattung über Prozessfortschritte einen großen Teil der Arbeitsaufgabe ausmachen. Wöchentliche, manchmal sogar tägliche Berichte in Form von tabellarischen Zusammenfassungen oder im Rahmen von Meetings bestimmen den Arbeitsalltag. Ob dies die Produktivität und Effektivität entlang der Wertschöpfungskette positiv beeinflusst, lässt sich zumindest in einigen Bereichen des Unternehmens infrage stellen. Doch wie sind wir hier gelandet? Werfen wir einen Blick in die Vergangenheit.

Vor gut 100 Jahren entwickelte Frederick Winslow Taylor einen auf Wertschöpfung optimierten Managementansatz, bei dem durch festgelegte und effiziente Arbeitsabläufe der Ressourceneinsatz minimiert werden sollte. Damit sein Modell funktioniert, werden monetäre Anreize zum Beispiel mit einem festgelegten Arbeitspensum verknüpft. Erfüllen Mitarbeitende dieses fest definierte Ziel, werden sie finanziell belohnt. Schaffen sie es nicht, wird ihnen für den Tag Lohn abgezogen. Der sogenannte *Taylorismus* legte den Grundstein für festgelegte Arbeitsprozesse in der industriellen Fertigung. Noch heute, 100 Jahre später, bauen viele Produktions- und Arbeitsmodelle auf der Grundidee des Taylorismus auf. Durch hohe Spezialisierung von Mitarbeitenden lassen sich (Teil-)Aufgaben effizienter ausführen, sodass eine präzise Produktionsplanung ermöglicht wird. Mitarbeitende können sich schnell in neue (Teil-)Aufgaben des gesamten Prozesses einarbeiten. Doch ist mittlerweile auch deutlich, dass die Zerstückelung der Arbeit nicht nur Vorteile mit sich bringt. Die Arbeit ist schnell und repetitiv. Sie erfordert wenig bis keine Denkvorgänge, was zu Monotonie und einer einseitigen Belastung von Mitarbeitenden führt. Die Beschäftigten werden als Prozessmerkmale definiert, ihre Bedürfnisse als Menschen sind irrelevant.

Daher verwundert es kaum, dass sich eine Gegenbewegung zum Taylorismus entwickelte, die das Ziel hatte, den Menschen wieder in den Mittelpunkt der Wertschöpfungskette zu stellen. Die sogenannte *Humanisierung der Arbeit* hat das konkrete Ziel, durch eine Verbesserung der Arbeitsinhalte und der Arbeitsbedingungen die Arbeitswelt möglichst menschengerecht zu gestalten. Dazu entwickelte die Bundesregierung Mitte der 1970er-Jahre ein Forschungsprogramm, mit dem mehr als 1600 Projekte unterstützt wurden.

Diese Projekte hatten das Ziel, monotone Arbeit zu reduzieren und physische Gefahren bei der Tätigkeit in der Produktion zu verringern. Durch die Humanisierung der Arbeit sollen Vorteile und Chancen für die Beschäftigten entstehen. So haben zum Beispiel eine höhere Zeitsouveränität, Mitsprache bei der Wahl des Arbeitsortes oder auch stärkere Partizipationsmöglichkeiten in der Ausgestaltung von Arbeitsinhalten einen Einfluss auf die Zufriedenheit am Arbeitsplatz. Ergebnisse des Programms sind beispielsweise wichtige Erkenntnisse zu *teilautonomen Arbeitsgruppen (Teams)* in der Produktion oder über Grundlagen für die Kompetenzentwicklung bei der Arbeit sowie zur »qualifizierenden Arbeitsgestaltung«. Vor dem heutigen Hintergrund der Automatisierung und Digitalisierung wird der Wunsch nach einer humaneren Arbeitswelt größer und die Erkenntnisse des Programms von damals sind erstaunlich aktuell. So wurde schon damals festgestellt, dass beim Einsatz von Technologien Selbstbestimmung und die betriebliche Demokratie eine wichtige Rolle spielen.

> *Teilautonome Arbeitsgruppen* sind kleine funktionale, sich selbst regulierende Teams innerhalb der Organisationsstruktur. Sie arbeiten konstant zusammen und erstellen eigenverantwortlich ein komplettes (Teil-)Produkt oder eine Dienstleistung. Sie planen, steuern und kontrollieren die übertragenen Aufgaben zumindest teilweise selbst.

Wie unterschiedlich die Ansätze des Taylorismus und der Humanisierung sind, wird am folgenden Beispiel deutlich: Stellen wir uns vor, die Geschäftsleitung entscheidet, dass zukünftig im Produktionsprozess eine neue Technologie genutzt werden soll. Dazu investiert sie in eine Software, die mithilfe von künstlicher Intelligenz den Produktionsprozess grundlegend verändert.

Bei einer Taylor'schen Herangehensweise würde die Geschäftsleitung die neue Software einfach einsetzen. Die Beschäftigten würden über die Veränderung durch eine Arbeitsanweisung informiert und müssten sich allein der Bedienung der neuen Software annehmen. Mitarbeitende hätten kein Mitspracherecht bei der Implementierung und ihre Erfahrungen und Bedürfnisse würden nicht berücksichtigt. Die Geschäftsleitung würde schlicht das beschließen, was sie für die ökonomischste Lösung hält. Auch die Personalabteilung wäre nicht einbezogen, was zur Folge hätte, dass Mitarbeitende nicht für die nun richtigen Kompetenzen fortgebildet würden.

Beim humanistischen Ansatz ist der grundsätzliche Gedanke, dass solche Veränderungen von »unten und innen« stattfinden müssen. Mitarbeitende sind von Beginn an in den Prozess der Implementierung mit einbezogen und können ihre Erfahrungen und Bedürfnisse einbringen. Somit können Nutzende noch Einwände oder Verbesserungsvorschläge vorbringen, die Personalabteilung kann die Kompetenzentwicklung zielführend mitsteuern. Das allgemeine Empfinden einer Mitbestimmung ist vorhanden und Mitarbeitende haben das Gefühl, dass ihre Meinung als Anwendende der Software wertgeschätzt wird. Die Einführung einer neuen Technologie wird deutlich besser angenommen, wenn Mitarbeitende beteiligt werden und ihre Autonomie gewahrt wird.

Mit dem Ansatz der Humanisierung ging eine Abkehr vom Taylorismus einher. Seit den 1990er-Jahren ist zudem zu beobachten, dass Produktionsphilosophien aus Japan, wie etwa das *Lean Management*, den Einzug in hiesige Produktionshallen feiern. Hierbei handelt es sich um eine holistische Unternehmensphilosophie, die das Ziel einer maximalen Wertschöpfung verfolgt. Sie wurde in den 1980er-Jahren von Toyota entwickelt und zielt darauf ab, Verschwendung im Produktionsprozess in jeglicher Form zu reduzieren und Prozesse im gesamten Unternehmen und über alle Abteilungen hinweg effizient zu steuern. Dieser Ansatz betont die Prinzipien einer schlanken Organisation.

Ziel ist es, alle Aktivitäten, die für die Wertschöpfung notwendig sind, optimal aufeinander abzustimmen und überflüssige Tätigkeiten zu vermeiden. Dazu gilt es, das bestehende System aus zwei Perspektiven zu überprüfen und zu verbessern: aus der Sicht der Kundschaft und aus der Sicht des Unternehmens selbst. Man soll sich konkret auf alle Bedürfnisse der Kundinnen und Kunden ausrichten und dabei den unternehmerischen Erfolg entscheidend beeinflussen. Im Fokus sind also immer Prozesse, die sich durch eine hohe Kundenorientierung auszeichnen. Präzise Definitionen von Prozessen, klare Verantwortlichkeiten oder auch ein frühes Reagieren auf Fehler bewirken stabile Abläufe, aus denen qualitativ hochwertige Produkte entstehen.

Wie schon oben beschrieben, ist das Lean Management keine Methode, sondern eine Unternehmensphilosophie, die durch die Gesamtheit an Denkprinzipien, Methoden und Verfahrensweisen zur effizienten Gestaltung der kompletten Wertschöpfungskette industrieller Güter führt. Diese Philosophie lässt sich in allen Unternehmensbereichen anwenden, beispielsweise in der Verwaltung (Lean Administration), der Instandhaltung (Lean Maintenance) oder auch der Logistik (Lean Logistics). Für alle Bereiche gilt, dass jede Tätigkeit einen Kundennutzen erfüllen muss. Ist dies nicht der Fall, wird die Tätigkeit gestrichen. Die Prozesse sollen perfekt ineinandergreifen, Ressourcen wirtschaftlich einsetzen und durch eine flache Hierarchie den Aufwand der Verwaltung reduzieren. Dieser Ansatz gelangt in der Praxis an seine Grenzen, denn oft entstehen Widerstände innerhalb der Arbeitnehmerschaft. Das Verständnis der Philosophie fehlt und dies wirkt sich auf die Unternehmenskultur aus. Widerstände der Mitarbeitenden können zum Beispiel bei der Veränderung von Prozessen oder Zuständigkeiten auftreten.

Auch funktioniert Lean Management nicht, wenn die Führungsebene die Ideen nicht konsequent selbst vertritt. So ist Lean Management kein Garant für ein funktionierendes System oder eine hohe Mitarbeiterzufriedenheit. Obwohl es in den vergangenen Jahrzehnten mehr und mehr auch in deutschen Betrieben implementiert wurde, sind Zweifel an der Umsetzung angezeigt. Es ist fraglich, ob es noch den Bedürfnissen und Erwartungen der kommenden Generationen gerecht wird. Inwieweit steht dieser Ansatz mit den Grundgedanken von New Work im Einklang?

2.2 New Work in der Produktion ist unmöglich – oder nicht?

New Work – es gibt kaum einen Begriff, der medial im Zusammenhang mit der Arbeitswelt mehr diskutiert wird. Experten sprechen schon längst von einem Containerbegriff, der alles und auch irgendwie nichts bedeuten kann. Wie eingangs beschrieben, findet die Arbeitnehmergruppe der Blue-Collar-Beschäftigten in der medialen Diskussion um New Work selten statt. Wenn man genau hinschaut, finden sich vereinzelt New-Work-Ansätze, wie zum Beispiel die Diskussion über die

Einführung einer Vier-Tage-Woche für Blue-Collar-Mitarbeitende zur Steigerung der Arbeitgeberattraktivität in der Produktion. Doch von einem Hype und einer Vielzahl von Maßnahmen, wie es bei White-Collar-Beschäftigten der Fall ist, kann keinesfalls die Rede sein. Doch kann New Work in einem Produktionsumfeld überhaupt funktionieren?

Überraschenderweise ist der Ursprung der New-Work-Bewegung im industriellen Umfeld zu finden und stark durch die Produktion geprägt. New Work beschreibt einen Denkansatz, dem die Beobachtung von tiefgreifenden kulturellen und gesellschaftlichen Veränderungen zugrunde liegt. Unternehmen, die marktfähig bleiben wollen, müssen sich auf Veränderungen einstellen und ihr Organisationsmodell neuen Gegebenheiten anpassen. Grundvoraussetzung für jede Veränderung ist es, die neuen Anforderungen zu verstehen und auf Basis dieses Wissens die Ausgestaltung von Arbeit in der Praxis anzupassen. Das Ziel der Neuen Arbeit besteht nicht darin, die Menschen von der Arbeit zu befreien, sondern die Arbeit so zu transformieren, dass sie freie, selbstbestimmte, menschliche Wesen hervorbringt.[6]

Die Anfänge von dem, was wir heute unter New Work verstehen, gehen auf den Sozialphilosophen Frithjof Bergmann zurück, der schon vor mehr als 40 Jahren eine Vision für die Zukunft der Arbeit beschrieb. Zentrale Annahme von Bergmann ist, dass Arbeit so transformiert werden soll, dass sie die individuellen Bedürfnisse von Beschäftigten in den Mittelpunkt rückt. Die klassische Erwerbsarbeit soll durch ein neues Beschäftigungsmodell ersetzt werden. Im Rahmen dieses Modells soll der Einzelne unterschiedlichen Formen der Arbeit nachgehen. Sein Konzept dreht sich um die Fragestellung, wie Menschen wirklich arbeiten wollen. Daher beschreibt Bergmann, dass es neben der notwendigen Lohnarbeit noch zwei weitere Formen der Arbeit gibt: Callings und Eigenarbeit. Callings, das sind nach Bergmann selbstverwirklichende Tätigkeiten, bei denen die Menschen dem nachgehen, was sie wirklich verfolgen wollen und was ihre eigenen Werte widerspiegelt. Die Eigenarbeit soll Angestellten ermöglichen, eigene Arbeit zu erledigen und sich dadurch Unabhängigkeit zu verschaffen.

Frithjof Bergmann entwickelte seine Utopie der Arbeit in der Automobilindustrie in Detroit. Die Automobilindustrie befand sich damals in einer Phase, in der sich das Umfeld durch die erste Automatisierung von Produktionsprozessen grundlegend veränderte. Im Mittelpunkt von Bergmanns Theorie steht die Frage, was mit den Menschen passieren würde, die durch die Automatisierung ihre Jobs verlören. Es brauchte neue Ansätze und Lösungen. Als General Motors ein großes Werk in der Automobilstadt Flint schließen wollte, erschuf Bergmann das erste »Center of New Work«. Was hat er initiiert? Um zu verhindern, dass die Hälfte der Mitarbeitenden ihren Job verlieren würde, wurde die Arbeitszeit der Belegschaft um 50 Prozent reduziert. Alle Mitarbeitenden erhielten ein gemeinsames Grundeinkommen, wobei sie nur die Hälfte des Jahres klassischer Lohnarbeit nachgingen. Die restlichen sechs Monate hatten sie in ihrer arbeitsfreien Zeit die Möglichkeit, ihren Callings nachzugehen und sich selbstbestimmt für neue Tätigkeiten oder Weiterbildungen zu entscheiden. Ein Momentum der damaligen Zeit. Mit seinem Konzept der »Neuen Arbeit« fand Bergmann fortschrittliche Antworten auf damals wichtige Fragen.

New Work hat sich seit den 1970er-Jahren stetig weiterentwickelt. Heutzutage beruft man sich im deutschen Wirtschaftsraum häufig auf das Konzept der New-Work-Charta von Markus Väth. Seine Charta soll anhand von fünf Arbeitsprinzipien eine praktische Orientierungshilfe und Selbstverpflichtung für Unternehmen darstellen. Jenseits isolierter Maßnahmen und Einzelmethoden konzentriert sich die Essenz von New Work auf fünf Prinzipien, die sich im unternehmerischen Alltag widerspiegeln: Freiheit, Selbstverantwortung, Sinn, Entwicklung und soziale Verantwortung.[7]

Prinzip 1 – Freiheit
Freiheit bedeutet nach Väth, dass Individuen die Möglichkeit haben, sich aktiv mit neuen Ideen auseinanderzusetzen. Damit ein so abstraktes Konstrukt wie New Work für Mitarbeitende spürbar wird, benötigt es in Betrieben den entsprechenden Raum, sodass neue Methoden der Zusammenarbeit, Führungsmodelle und Produktionsprozesse ausprobiert werden können. Damit alle Organisationsmitglieder diese sogenannten Experimentierräume angstfrei annehmen können, braucht es zudem psychologische Sicherheit und Fehlertoleranz im Unternehmen. Dies ist wichtig, damit neue Erkenntnisse und Methoden in der gesam-

ten Organisation, das heißt zwischen Management, Führungskräften, Teams und Individuen, geteilt werden.

Prinzip 2 – Selbstverantwortung
Wenn Mitarbeitende die Freiheit haben, sich einzubringen, birgt dies die Gefahr, dass Entscheidungen sich zunächst schwieriger gestalten. Aus diesem Grund müssen Unternehmen Selbstverantwortung und Selbstorganisation direkt fördern. Väth empfiehlt, zur Steigerung der Selbstverantwortung Modelle einzuführen, die die Selbstorganisation fördern und Mitarbeitenden zum Beispiel Autorität über ihr Budget geben. Um einen Anreiz für Erfolg zu schaffen, setzt er hierbei auf finanzielle Beteiligung von Mitarbeitenden am Unternehmenserfolg (equity).

Prinzip 3 – Sinn
Jeder Wertschöpfungsprozess in einem Unternehmen sollte einen ökonomischen, finanziellen oder kulturellen Sinn erfüllen. New Work in Organisationen bedeutet, dass Mitarbeitende nach ihren Stärken und Bedürfnissen eingesetzt werden. Die Identität des Betriebes beschreibt das kollektive Ziel der Unternehmung. Sie definiert die Wertschöpfung, die sich nicht ausschließlich in den finanziellen Dimensionen erschöpft. Daher sollten alle Organisationsmitglieder gemeinsam die Firmenidentität festlegen und der so definierte Sinn sollte auf jede Unternehmensebene übertragbar sein. Sei es auf einzelne Abteilungen, Mitarbeitende aller Hierarchiestufen, die genutzte Technologie oder strategische Entscheidungen der Geschäftsführung. Alle Organisationsmitglieder müssen wissen, wofür die Organisation existiert und was ihre Identität ausmacht.

Prinzip 4 – Entwicklung
Neue Impulse für Management, Zusammenarbeit und Führung sind unerlässlich für die Adaptions- und Transformationsfähigkeit einer Organisation. Neben neuen fachlichen Kompetenzen müssen Unternehmen auch in die persönliche Entwicklung ihrer Belegschaft investieren. Die Fähigkeit, sich selbst zu erneuern und dysfunktionale Verhältnisse aufzubrechen, ist der Kern eines erfolgreichen Wandels. Die Einstellung

von Mitarbeitenden, die sich in Sätzen wie »Das haben wir immer so gemacht.« widerspiegelt, stellt eine echte Gefahr für den organisationalen Wandel dar. Daher empfiehlt Väth kollektive Lernstrukturen in Unternehmen, in denen die Mitarbeitenden ihr Wissen teilen und gemeinsam Neues aufbauen können. Wenn Entscheidungen zudem vermehrt auf kollektiver Ebene getroffen werden, müssen Mitarbeitende hierfür gezielt befähigt werden.

Prinzip 5 – soziale Verantwortung
Ohne eine sie umgebende Gesellschaft können Unternehmen nicht existieren. Sie funktionieren nur in einem System, in dem sie mit der Gesellschaft vor Ort verbunden sind und Wert darauf legen, das Miteinander zu stärken. Im Sinne des fünften und letzten von Väth beschriebenen Prinzips wirtschaften Unternehmen daher ökologisch und nachhaltig. Sie müssen dem Grundsatz des ehrbaren Kaufmanns folgen und sich in der lokalen Gesellschaft, Kultur und Wissenschaft engagieren. Organisationen sollen durch ihr Engagement genau diese Bereiche stärken.

New Work als Gesamtkonzept
Diese fünf Prinzipien sollen für die Arbeitnehmerin und den Arbeitnehmer Selbstverwirklichung und Zufriedenheit schaffen und für das Unternehmen hohe Leistung und Sicherheit garantieren. Ein Wechselspiel zwischen Vertrauen, Innovation und unternehmerischem Handeln wird geprägt. Einzelne Mitarbeitende haben eine feste und große Bedeutung für das Unternehmen und sind nicht nur kleine Rädchen im Getriebe. Ein attraktives Konzept, das in der heutigen Zeit vor allem eine hohe Mitarbeiterbindung fördern dürfte. So ist es nicht verwunderlich, dass von Obstkörben und Tischkickern bis hin zu Workations mittlerweile viele unterschiedliche Initiativen zum Standardrepertoire gehören (eine Übersicht von verschiedenen New-Work-Maßnahmen ist in der folgenden Tabelle aufgelistet). Doch führen all diese Maßnahmen dazu, dass Mitarbeitende im Sinne von Frithjof Bergmann zu freien, selbstbestimmten Wesen werden? Oder anders gesagt: Können Tischkicker, flexible Arbeitszeiten oder die Verflachung von Hierarchien dabei helfen, dass die Arbeit in der industriellen Fertigung menschenzentrierter wird?

Strukturelle Maßnahmen	- Offene Bürokonzepte - New-Pay-Initiativen - Teilautonome Gruppen - Verflachung von Hierarchien - Arbeitszeit- und Ortsautonomie - Rollenbasiertes Arbeiten - Demokratische Organisationsverfassung - Holokratie
Methoden & Prozesse	- Agile Projektarbeit - Implementation oder Ausgabe von mobilen Technologien - Barcamps - Betriebliches Vorschlagswesen
Kultur & Führung	- Offene Fehler- und Feedbackkultur - Shared Leadership - Jobsharing - Agile Führung - Empowerment-orientierte Führung - Gewählte Führungskräfte - Transformationale Führung

Übersicht mit beliebten New-Work-Initiativen

Für Personalabteilungen ist es häufig eine Herausforderung, den Erfolg von umgesetzten Maßnahmen zu messen. So kann leicht das Gefühl entstehen, dass die positiven Veränderungen nach der Implementierung weit hinter den Erwartungen von Geschäftsleitung, Personalabteilung und den Mitarbeitenden zurückbleiben. Eine Möglichkeit, den Erfolg von New Work zu messen, ist, sich genauer mit dem Ausmaß des psychologischen Empowerments zu beschäftigen. Mitarbeitende mit einem hoch ausgeprägten psychologischen Empowerment, mithin dem Gefühl, für Tätigkeiten ermächtigt worden zu sein, reagieren schnell auf Veränderungen in ihrem Umfeld und passen sich zügig an die Bedürfnisse der Organisation an.

Um das psychologische Empowerment zu fördern, ist es nötig, im Rahmen von New-Work-Initiativen Maßnahmen umzusetzen, die Mitarbeitenden dabei helfen, ihr gesamtes Potenzial auszuschöpfen, indem sie ihre Fähigkeiten und Ressourcen nutzen und zugleich ihre eigene Arbeit als bedeutsam wahrnehmen.

Psychologisches Empowerment nimmt eine auf das Individuum bezogene Perspektive ein und fügt sich nach Spreitzer (1995) aus vier unterschiedlichen Dimensionen zusammen, die gegenseitig Einfluss aufeinander nehmen:

1. *Bedeutsamkeit (meaning)* beschreibt die Wahrnehmung von Mitarbeitenden, dass ihre Arbeitsaufgabe sinnvoll ist und den eigenen Werten entspricht.
2. *Kompetenz (competence)* beschreibt die Fähigkeit von Mitarbeitenden, ihre Arbeitsaufgabe durchzuführen und daran zu glauben, für die Ausführung der Aufgabe die entsprechenden Fähigkeiten und Ressourcen zu besitzen.
3. *Selbstbestimmung (self-determination)* beschreibt das Ausmaß, in dem Mitarbeitende wahrnehmen, eigene Entscheidungen treffen zu können und Handlungsfreiheit bei der Arbeitsausführung zu haben.
4. *Einfluss (impact)* beschreibt den Grad, in dem Individuen glauben, die strategischen, administrativen und operativen Ergebnisse beeinflussen zu können.

Damit sich das psychologische Empowerment beeinflussen lässt und New-Work-Maßnahmen erfolgreich im Betrieb implementiert werden, ist das gesamte Bild der Organisation zu betrachten. Sowohl Persönlichkeitsfaktoren wie individuelle Bedürfnisse oder Erfahrungen der Individuen als auch bestimme Kontextfaktoren in der Organisation, also die Rahmenbedingungen der Arbeit, müssen beachtet werden. Um Veränderungen erfolgreich umzusetzen, braucht es neue Strukturen und Prozesse. Was für den Erfolg von Veränderungen aber mindestens genauso wichtig ist, sind Individuen, Teams und ganze Unternehmensbereiche, die bereit sind, neue Projekte ins Auge zu fassen. Menschen, die sich dazu befähigt fühlen, neue Dinge anzugehen. Die den Mut haben, bei neuen Projekten vielleicht auch einen Fehler zu machen. Die Neues als Chance nutzen, daraus zu lernen, und sich aktiv in die Organisation einbringen. Für eine erfolgreiche Organisation sind neue Impulse, motivierte Menschen und starke Netzwerke von entscheidender Bedeutung.

Arbeitswelt neu denken

In den folgenden Kapiteln wollen wir uns der Frage widmen, wie ein produzierendes KMU seine Employee Experience ganzheitlich ausbauen kann, um den neuen Anforderungen von Menschen und der Ökonomie gerecht zu werden. Wir wollen dies einordnen in einer Zeit, in der alle von New Work reden, aber offenbar die wenigsten konkretisieren können, was genau dies bedeutet. Wir schauen gezielt auf den Produktionsbetrieb, geben niedrigschwellige Praxisbeispiele und Impulse, die ein Arbeitgeber schnell umsetzen kann, um den Herausforderungen von Gegenwart und Zukunft zu begegnen. Unser Blick bleibt dabei auf dem Menschen, der neue Erwartungen hat, der sich aus dem Taylor'schen Modell der Arbeit gekämpft hat und nun vor einer Vielzahl an Möglichkeiten zur Selbstverwirklichung steht. Wenn der Arbeitgeber es schafft, diesem Menschen treffend zu begegnen, dann hat er einen großen Schritt in Richtung Zukunftsfähigkeit getan.

3. Der Employee Lifecycle: Arbeitgeberattraktivität in allen Phasen des betrieblichen Lebenszyklus sicherstellen

Wenn man eine Zeit lang in der Personalabteilung eines Betriebs gearbeitet hat, wird ein gewisser Rhythmus an wiederkehrenden unterschiedlichsten Situationen erkennbar. Mitarbeitende, Führungskräfte und die Geschäftsführung tragen konstant unterschiedliche Probleme, Erwartungen und Bedürfnisse an die Personalabteilung heran. Und die Erwartungshaltung dahinter ist klar: schnell wirtschaftliche und sich für alle fair anfühlende Lösungen finden.

Wie wirksame Unterstützung für die Einzelnen aussieht, kann ganz unterschiedlich sein. Bei Mitarbeitenden spielen verschiedene Faktoren wie die Betriebszugehörigkeit oder das Alter eine wichtige Rolle. Im Laufe des Erwerbslebens können sich die Prioritäten von Mitarbeitenden verschieben, denn die Bedeutung von Themen wie Pflege, Kindererziehung, Weiterbildung oder auch der Freizeit kann sich mit der Zeit verändern. Diese Aspekte haben einen großen Einfluss darauf, welche Wünsche und Erwartungen Mitarbeitende gegenüber ihrem Arbeitgeber haben. Daraus folgt, dass in verschiedenen Lebensphasen Arbeit einen unterschiedlichen Stellenwert erhält.

Eine Möglichkeit, Bedürfnisse von unterschiedlichen Zielgruppen zu identifizieren, ist, sich den sogenannten Employee Lifecycle (auf Deutsch Mitarbeiterlebenszyklus) der Beschäftigten im Betrieb genauer anzuschauen. Diese insgesamt sechs Phasen beschreiben die unterschiedlichen Abschnitte, die Beschäftigte in einem Betrieb durchlaufen.

Aus Sicht des Betriebes beginnt der Kreislauf damit, passende Kandidatinnen und Kandidaten auf dem Arbeitsmarkt auf sich aufmerksam zu machen, und endet mit dem Offboarding. In allen sechs Entwicklungsstufen gibt es sowohl für Mitarbeitende als auch für den Betrieb unterschiedliche Erwartungen, Aufgaben und Herausforderungen zu bewältigen.

Schafft es ein Unternehmen, den Employee Lifecycle bedarfsgerecht und menschenzentriert auszugestalten, indem es passende Maßnahmen implementiert, kann dies unterschiedliche positive Implikationen auf viele wichtige Kenngrößen im Betrieb haben. So können beispielsweise Maßnahmen, die auf Arbeitgeberattraktivität und Recruiting abzielen, dabei helfen, dem Betrieb ein besseres Image als Arbeitgeber zu verschaffen, wodurch insgesamt niedrigere Kosten im Recruiting entstehen. Ein gezieltes Onboarding, Maßnahmen zur Retention oder Mitarbeiterentwicklung führen hingegen zu einer langfristigen Bindung von Beschäftigten an den Betrieb, erhöhen die Mitarbeiterzufriedenheit und führen zu besseren Arbeitsergebnissen. Maßnahmen, die auf die Endphasen des Employee Lifecycles abzielen, haben einen positiven Effekt auf das Wissensmanagement im Unternehmen und können einen starken Einfluss auf die Arbeitgebermarke haben.

Im Folgenden widmen wir uns detaillierter den einzelnen Phasen des Employee Lifecycles, geben Praxisbeispiele und stellen Tools und Instrumente vor, die dabei unterstützen sollen, die einzelne Phase sowohl für den Betrieb als auch für die Mitarbeitenden attraktiv zu gestalten.

Talent Attraction	Um für Talente auf dem Arbeitsmarkt sichtbar zu werden, müssen das eigene Unternehmensbild und ein Werteversprechen nach außen getragen werden. Engagierte Mitarbeitende sind das Gesicht des Unternehmens nach außen und sollten aktiv in Arbeitgeberkampagnen eingebunden werden.

Recruiting	Entscheidende Phase, um Kandidaten vom Betrieb zu überzeugen und emotional an ihn zu binden. Es geht darum, den Bewerbungsprozess so angenehm wie möglich zu gestalten.
Onboarding	In dieser Phase lernen sich beide Seiten kennen und überprüfen, ob die Erwartungen aus der *Recruiting-&-Talent-Attraction*-Phase Realität sind. Wenn sie in einem neuen Betrieb starten, zeigen Mitarbeitende in der Regel ein sehr hohes Engagement und wollen schnell einen eigenen Beitrag leisten.
Development	Um das ganze Potenzial von Mitarbeitenden auszuschöpfen, müssen Betriebe sie bei der Weiterentwicklung unterstützen. Engagierte Mitarbeitende wollen sich weiterentwickeln und suchen nach Möglichkeiten hierzu. Sie brauchen passende Maßnahmen und Netzwerke im Betrieb, um neue Ideen einzubringen.
Retention	Mitarbeitende sollen dauerhaft an das Unternehmen gebunden werden. Betriebe mit engagierten Beschäftigten haben eine wertschätzende Unternehmenskultur. Um das Commitment von Mitarbeitenden zu beeinflussen, brauchen Führungskräfte die richtigen Tools.
Offboarding	Im Offboarding können ausscheidende Mitarbeitende wichtiges Feedback für das Unternehmen geben. Zudem hilft ein guter Offboarding-Prozess dabei, einen guten letzten Eindruck für eine potenzielle Wiedereinstellung zu machen. Schafft es ein Betrieb, bei seinen Alumni in guter Erinnerung zu bleiben, hat dies einen positiven Effekt darauf, wie diese mit anderen über den Betrieb sprechen – der Employee Lifecycle schließt sich.

Übersicht über die Phasen des Employee Lifecycles

3.1 Phase 1: Talent Attraction in der heutigen Zeit – Selbstmarketing als Überlebensmaßnahme

»Null. Niemand. Kein Einziger?«, fragt die Personalerin erstaunt ihre Mitarbeiterin. »Das kann doch gar nicht sein, das war ja noch nie so!«, echauffiert sie sich. »Doch, wirklich. Ich habe alles überprüft, es hat sich niemand auf die Ausschreibung beworben«, gibt ihre Kollegin zurück. Verzweiflung liegt in der Luft. Seit 17 Jahren arbeiten beide in dem Unternehmen und noch nie hatten sie Probleme mit dem Bewerbungseingang. Einmal online gepostet, schon kamen wirklich immer zig Bewerbungen. Und nun? Was hat sich verändert? »Irgendwie müssen wir besser auf uns aufmerksam machen. Es wirkt, als hätte unser Umfeld uns vergessen. Als wären wir plötzlich kein guter Arbeitgeber mehr im Ort«, sagt die Personalerin gedankenverloren. Ein Plan muss her, um auf sich aufmerksam zu machen. Werbung ... Für ein Traditionsunternehmen im Dorf, das jeder kennt.

Das oben beschriebene Problem kennen viele Firmen. Seit Jahren gehen die Bewerberzahlen zurück. Der in der Presse viel beschriebene Fachkräftemangel in der produzierenden Industrie kommt in der Arbeitsrealität an. Wo sich früher auf einen Ausbildungsplatz makellose Bewerbungen im zweistelligen Bereich in den Briefkästen der Firmen finden ließen und man als Personaler quasi die Qual der Wahl hatte, ist man heute froh, wenn sich überhaupt jemand bewirbt. Wenn dann noch ein Lebenslauf der Mail angehängt wird (Anschreiben und Zeugnisse lassen Bewerbende häufig weg), dann kann man sich glücklich schätzen. Der Kampf um Talente ist eine riesige Herausforderung, die sich in den kommenden Jahren noch steigern wird. Insbesondere Unternehmen im Produktionsumfeld müssen sich heute strategische Ziele für ihre Talent Attraction setzen. Es gilt: Nur wer Aufmerksamkeit schafft, wird Mitarbeitende für die Produktion gewinnen. Doch wie geht man dies an, wenn man als KMU kein großes Marketingbudget hat und nun zum ersten Mal vor dieser großen Herausforderung steht?

Die Antwort heißt: *Employer Branding*, also Arbeitgebermarketing. Das ist die Lösung für das Problem, das unser kleines Traditionsunternehmen dringend angehen muss. Fehlende Eingangszahlen bei den Bewerbungen sind ein klares Zeichen dafür, dass hier an vielen Fronten etwas geändert werden muss, an allererster Stelle an der eigenen Selbstvermarktung. Damit ist nicht das Anbringen von einzelnen, ziellosen Plakaten an Schaufenstern oder das Auslegen von Flyern beim Bäcker gemeint, sondern eine ganzheitliche Strategie zum Aufbau einer Arbeitgebermarke. Ein jedes Unternehmen, egal welcher Größe, muss sich mit der Ableitung seiner sogenannten *Employer Value Proposition*, also dem eigenen Arbeitgeberwerteversprechen, beschäftigen. Daraus folgt eine Strategie, kontinuierlich die richtigen Talente für das Unternehmen zu finden. Es wäre ein Fehler, das Selbstmarketing nicht ernst zu nehmen. Jeder Arbeitgeber kann ein Plakat mit einem pfiffigen Spruch bedrucken, aushängen und hoffen, dass neue Talente so auf ihn aufmerksam werden. Dies ist aber zu kurz gedacht, denn in unserer polimedialen Welt muss man sich mit verschiedenen Wegen der Ansprache, unterschiedlichen Kommunikationskanälen, Zielgruppen und der eigenen Identität auseinandersetzen. Nur eine glaubhaft nach außen getragene Unternehmensidentität und das Werteversprechen werden langfristig eine attraktive Arbeitgebermarke erzeugen. Dies geht nicht über Nacht, ist ein Marathon und kein Sprint.

> **Employer Branding** ist die identitätsbasierte, intern wie extern wirksame Entwicklung und Positionierung eines Unternehmens als glaubwürdiger und attraktiver Arbeitgeber. Kern von Employer Branding ist immer eine die Unternehmensmarke spezifizierende oder adaptierende Arbeitgebermarkenstrategie. Entwicklung, Umsetzung und Messung dieser Strategie zahlen unmittelbar auf alle Phasen des Employee Lifecycles ein.
>
> **Employer Value Proposition (EVP)** ist das Werteversprechen des Arbeitgebers an seine Mitarbeitenden. Es beschreibt die Vorteile eines Unternehmens und was ein Unternehmen seinen Mitarbeitenden im Austausch für ihr Talent, ihre Fähigkeiten und ihre Erfahrung bietet.

Wieso ist die Auseinandersetzung mit dem eigenen Auftritt so wichtig? Fangen wir erst einmal damit an, die Perspektive von potenziellen Bewerbern besser zu verstehen.

Wir sehen einen Arbeitsmarkt im Wandel, auf dem sich nicht nur mit der *Generation Z* eine neue Generation Beschäftigter etabliert hat, sondern auf dem auch schon die nachfolgende *Generation Alpha* in den Startlöchern steht. Beide Gruppen wachsen mit dem (Selbst-)Bewusstsein auf, dass sie durchschnittlich ein nie dagewesenes Ausbildungsniveau erreichen und es gleichzeitig einen Fachkräftemangel in Deutschland gibt. So hat sich allein die Anzahl der tertiären Bildungsabschlüsse in der Altersgruppe der 25- bis 36-Jährigen in den letzten 20 Jahren von 22 Prozent auf 36 Prozent erhöht.[8] Als Folge beider Entwicklungen finden wir derzeit einen Arbeitsmarkt vor, auf dem es zwar an jungen Arbeitskräften für hoch qualifizierte Jobs nicht mangelt, aber gerade in der produzierenden Industrie viele Stellen oft Wochen oder Monate lang aufgrund ausbleibender Bewerber nicht besetzt werden.

> **Die *Generation Z* folgt auf Generation Y und umfasst die Geburtsjahrgänge 1996 bis 2012 (nach anderen Definitionen 1995 bis 2010). Ihre Angehörigen sind die ersten echten »Digital Natives«. Sie gelten als sozial vernetzt und gesellschaftlich engagiert. Die Generation Z ist von Individualismus und Selbstverwirklichung ebenso geprägt wie von Sicherheitsdenken.**
>
> **Die *Generation Alpha* folgt der Gen Z und ist zwischen 2010 und 2025 geboren. Ein Leben mit künstlicher Intelligenz (KI), Chatbots, 3D-Druck und autonomem Fahren ist für diese Generation Normalität. Die Generation Alpha findet sich intuitiv in der digitalen Welt zurecht und zeigt, dass sie in der Lage ist, sich schnell an neue Gegebenheiten anzupassen.**

Gerade für Berufsanfänger bringt diese Situation einige Herausforderungen mit sich. Die Jobsuche kann sich schnell anfühlen wie die abendliche Suche nach dem passenden Film oder einer Serie, wobei man Netflix, Disney+ und Amazon Prime gefühlt stundenlang durchstöbert. Die Auswahl an Filmen und Serien ist unendlich groß und doch (oder gerade deswegen?) fällt einem die Entscheidung, was man sehen möchte, schwer. Und am Ende schaut man doch wieder eine Folge der Lieblingsserie – weil man weiß, was einen erwartet und dass man nicht enttäuscht wird. Eine ähnliche Situation findet sich auf vielen Jobportalen. Netflix und Co heißen hier LinkedIn, StepStone und Monster. Zusätzlich gibt es noch Werbung im Radio, auf den Schwarzen Brettern in den Universitäten und vieles mehr. Die Auswahl an Jobs ist groß, doch die verschiedenen Ausschreibungen unterscheiden sich oft nur marginal voneinander. Die gleiche Bildsprache, die meistens von eingekauften Stockfotos geschmückt wird, dieselben Benefits und ähnliche Aufrufe, doch genau hier bei diesem bestimmten einmaligen und einzigartigen Unternehmen seine Bewerbung einzureichen. Eine Differenzierung fällt immer schwerer, alles sieht sehr ähnlich aus. Bei welchem Unternehmen wird sich also eine potenzielle neue Arbeitskraft bewerben?

Insbesondere für KMUs in der produzierenden Industrie ist dies eine große Herausforderung. Sie müssen unter vielen konkurrierenden Unternehmen herausstechen, Einzigartigkeit ausstrahlen und mit dem ersten Eindruck unter einer Vielzahl von gleichwertigen Anzeigen überzeugen. Im besten Fall weiß der Bewerbende früh, dass die Werte des Unternehmens zu seinem eigenen Wertekompass passen und sich eine Bewerbung bei dem Unternehmen für ihn lohnen wird.

Daher braucht es schon in der Talent-Attraction-Phase ein klares Werteversprechen des Unternehmens. Auf diesem aufbauend wird eine authentische Arbeitgebermarke mit klarer EVP entwickelt, die dem Jobsuchenden überzeugend vermittelt, wieso es sich lohnt, sich bei einem bestimmten Unternehmen zu bewerben. Wie geht man hier am besten vor? Wir erklären es in drei Schritten.

Schritt 1: Ableitung einer Employer Value Proposition
Welche Werte zeichnen einen Arbeitgeber aus? Stellt man diese Frage Geschäftsführenden von Unternehmen, dann kommen oft ähnlich klingende Antworten. »Traditionell, offen, innovativ, verlässlich, familiär« – das sind wohlklingende Attribute, die Führungskräfte ihrem Unternehmen oft zuschreiben. Aber entsprechen diese auch der Realität?

Bei der Festlegung einer Employer Value Proposition ist es wichtig, dass man sich als Unternehmen intensiv mit sich selbst auseinandersetzt.

Was können wir gut? Was können wir nicht gut? Wie gehen wir miteinander um? Was sagen Menschen über uns, wenn wir nicht dabei sind? Bedeutsam ist, dass ein Unternehmen bei der Ableitung der Arbeitgebermarke nicht an den eigenen Unternehmenswerten vorbeiarbeitet. Die Kultur eines Unternehmens wird *top-down*, aber auch *bottom-up* gefestigt. Ein ganzheitlicher Blick auf das Innere mit dem gezielten Identifizieren der eigenen Werte ist daher das A und O bei der Auseinandersetzung mit den Unternehmenswerten. Wieso? Menschen merken schnell, dass ein Bild, das nach außen gezeichnet wird, nicht mit dem übereinstimmt, das im Inneren herrscht. Das wäre für ein jedes Unternehmen eine große Belastung, denn Bewerbende sprechen miteinander, Mitarbeitende teilen ihr Erlebtes und so entsteht eine Reputation. Wenn die Reputation konträr zur Vermarktung ist, dann spricht sich das schnell herum. Es ist daher wichtig, dass die Arbeitgeberwerte sich tatsächlich mit dem Unternehmen verbinden lassen und nicht nur schöne, wohlklingende Worthülsen sind.

> **Beim *Top-down*-Management werden unternehmensweite Entscheidungen ausschließlich von der obersten Führungsebene getroffen, während beim *Bottom-up*-Management alle Teams ein Mitspracherecht bei diesen Entscheidungen haben. Eine konsistente Definition der aktuellen Unternehmenskultur sollte möglichst die Vorstellungen vieler Beteiligter aus unterschiedlichen Abteilungen und hierarchischen Ebenen einbeziehen. Nur so kann eine Grundlage geschaffen werden, auf der sich ein neuer Soll-Zustand bestimmen lässt.**

Wie findet man seine Werte? Es empfiehlt sich, hier alle Funktionsgruppen eines Unternehmens mit einzubeziehen. Dies sichert einen ganzheitlichen Blick auf das Unternehmen und die Einbindung aller Perspektiven. Hat man die Mitglieder der Gruppe identifiziert, sollte man mit einem kurzen strukturierten Interview beginnen, in dem jedes Mitglied zu seiner persönlichen Sichtweise auf das Unternehmen und seinen Arbeitsplatz befragt wird.

Tool 2

Strukturiertes Interview zur Identifikation von Unternehmenswerten

- Wie lange arbeiten Sie schon für das Unternehmen?
- Wieso haben Sie sich für dieses Unternehmen als Arbeitgeber entschieden?
- Was mögen Sie an Ihrem Arbeitgeber?
- Was mögen Sie nicht an Ihrem Arbeitgeber?
- Wie würden Sie die generelle Stimmung in Ihrem Unternehmen beschreiben?
- Wenn Sie Ihren Arbeitgeber mit drei Wörtern beschreiben müssten, welche wären das?
- Würden Sie Ihren Arbeitgeber Freunden, Familie oder Bekannten empfehlen?
- Wenn Freunde Sie fragen, wie Ihr Arbeitgeber ist, was antworten Sie?
- Worauf sind Sie bei Ihrem Arbeitgeber stolz?
- Gibt es etwas Besonderes, das Ihren Arbeitgeber ausmacht? Wenn ja, was?

Nach Beendigung der Interviews werden die Antworten analysiert. Kernfragen der Analyse sind: Welche Überschneidungen gibt es? Was fällt auf? Gibt es übergeordnete Kategorien, die sich aus den Antworten ergeben? Welche Häufigkeiten der Nennungen gibt es? Hat eine Gruppe etwas komplett anders beantwortet als eine andere?

Die erste Analyse wird dann benutzt, um einen Workshop mit allen Teilnehmenden vorzubereiten. Hier sollen die Ergebnisse diskutiert werden. Der Austausch hilft, um noch gezielter die Werteessenz herauszuarbeiten. Gerade in diversen Gruppen ist es wichtig, dass alle Antworten anonymisiert vorgestellt werden, sodass niemand sich fürchten muss, dass seine Antwort Anstoß von Kritik ist.

Das Ziel des Workshops ist es, sich in der gesamten Gruppe auf einige wenige Werte zu einigen, also Schlüsselwerte festzulegen. Wofür steht unser Unternehmen? Was ist unsere Identität? Welche Werte verbinden wir mit unserer Identität? Was zeichnet uns aus und wie wollen wir nach außen auftreten?

Tool 3

Was finden wir gut?	Was finden wir nicht so gut?
Aufzählung aller Nennungen, zu der Frage, was an dem Arbeitgeber gut gefunden wird.	Aufzählung aller Nennungen, zu der Frage, was an dem Arbeitgeber nicht so gut gefunden wird.
Wie würden wir unseren Arbeitgeber beschreiben?	**Welche Werte schreiben wir unserem Arbeitgeber zu?**
Diskussion, wie neue Mitarbeitende angeworben werden können.	Fokus auf drei Werte, die den Arbeitgeber beschreiben.

Leitfragen zur Erarbeitung eines Werteversprechens

Aus diesem Workshop sollte eine klare und prägnante Antwort herauskommen. Idealerweise wird ein Werteversprechen mit mindestens drei bis maximal fünf Werten beschrieben. Das Ergebnis sollte mit weiteren Personen im Unternehmen validiert werden, hier bietet sich eine Vorstellung in einer Mitarbeiterversammlung an. Vorteil dieses Vorgehens ist es, dass man alle Funktionsgruppen einbindet und somit einen holistischen Blick auf sein eigenes Unternehmen gewährleistet. Das sichert die Authentizität beim eigenen Markenauftritt ab und legt das Fundament für die strategische Selbstvermarktung.

Schritt 2: Aufbau der Kampagne
Nun geht es los mit dem Aufbau des Marketingauftritts. Eine Kampagne zur Mitarbeitergewinnung unterscheidet sich massiv von der Werbung für beispielsweise Produkte eines Unternehmens. Welche Zielgruppen will man ansprechen? Hier wird nicht von potenziellen Kunden ausgegangen, sondern von Talenten, die das Unternehmen benötigt. Auszubildende müssen anders angesprochen werden als neue Führungskräfte. Welche Kanäle sollen genutzt werden? Auch hier ist es wichtig, sich

in die Talente hineinzuversetzen. Junge Mitarbeitende gewinnt man über Social Media, wie zum Beispiel TikTok oder Instagram, während man erfahrene Mitarbeitende eher über LinkedIn oder Online-Inserate erreicht. Bei kleinen Unternehmen im kleinstädtischen Kontext sind vor allem Zeitungsinserate die Zielquelle, insbesondere für Mitarbeitende in der Produktion.

Welche Bilder werden benutzt? Die Wortbildmarke muss alle Zielgruppen gleichermaßen ansprechen, allerdings auch herausstechen. Auffällig sein und einen Wiedererkennungswert erreichen – das sollte das Ziel sein.

In welcher Frequenz sollen künftige Bewerber mit dem Unternehmen in Kontakt kommen? Die Planung von Postings, Werbemaßnahmen und zu veröffentlichenden Inhalten sollte mindestens immer ein Jahr im Voraus stehen. Ein stetiges Bespielen aller Kanäle ist wichtig, um die Aufmerksamkeit langfristig hochzuhalten. Vor allem die Algorithmen in Social Media sind auf häufiges Posten ausgerichtet. Um hier Sichtbarkeit zu garantieren, ist Regelmäßigkeit im Auftritt relevant. Gerade für kleine Unternehmen ohne große Marketingabteilung ist dies oft herausfordernd. Eben mal nebenbei etwas zu posten – das ist nicht zielführend oder gewünscht, da es den Erfolg einer strategischen Kampagne behindern kann.

Es ist ratsam, mit professionellem Marketing zusammenzuarbeiten. Die Personalabteilung kann die Employer Value Proposition ableiten, diese nun aber in eine Kampagne umzusetzen, die mit einer modernen und ansprechenden Wortbildmarke angelegt wird: Das kann nur professionelles Marketing.

Relevant ist zudem, dass bei der Auswahl der Bilder, des Slogans und der Inhalte der Konsens mit allen Funktionsgruppen gesucht wird. Die Einbindung der Mitarbeitenden ist elementar, denn können sie sich mit der Werbung für neue Kolleginnen und Kollegen identifizieren, dann ist eine authentische Ansprache gewährleistet. Daher ist es sinnvoll, verschiedene Vorschläge in einem Gruppenworkshop vorzustellen und dann gemeinsam zu entscheiden, welcher Auftritt für die Kampagne genutzt werden soll. Diese Art der Mitbestimmung ist für Beschäftigte wichtig, denn sie machen die Unternehmenskultur aus und wenn man sie in relevante Fragestellungen mit einbindet, erhöhen sich ihre Identifikation und auch ihr Gefühl der Mitbestimmung.

Schritt 3: Langfristige Planung und Aufbau von Ambassadors
Eine einzige Annonce ist noch kein Marketing. Wie oben erwähnt, ist eine langfristige strategische Planung von Arbeitgebermarketing relevant. Mindestens ein Jahr im Voraus sollte geplant werden: Wann bespielen wir mit welchem Inhalt einen bestimmten Kanal? Um solche Entscheidungen zu planen, lohnt es sich, den Bewerbungseingang der letzten 24 Monate zu analysieren und relevante *KPI, Key Performance Indicators*, abzuleiten.

Sprich: In welchem Monat gingen die meisten Bewerbungen ein? Auf welche Art von Jobanzeige meldeten sich die meisten Bewerber, beispielsweise Online-Anzeige, Zeitungsanzeige oder über das Mitarbeiterempfehlungsprogramm? Welche Positionen suchen wir im Jahr in aller Regel am häufigsten? Die Antworten auf diese Fragen helfen zu identifizieren, welcher Rhythmus dem neuen Arbeitgebermarketing zugrunde liegen sollte.

Jedoch müssen Unternehmen hier auch weiterdenken: Was früher gut funktioniert hat, wird heutzutage eventuell nicht mehr so erfolgreich sein. So ist *Social* Media für jedes Unternehmen ein Must-have und schon lange kein Nice-to-have mehr. Eine regelmäßige Sichtbarkeit bei Instagram, TikTok, LinkedIn etc. ist notwendig, denn hier tummeln sich die neuen Bewerber und diese können sich aus einer Vielzahl von Angeboten das schönste aussuchen. Daher hilft es, hier schon sehr früh auf sich aufmerksam zu machen. Ziel ist es nicht, von jetzt auf gleich durch ein Posting einen neuen Bewerber zu gewinnen, sondern sich durch stetige Postings in den Köpfen der möglichen kommenden Bewerber zu verankern und einen Wiedererkennungswert zu schaffen.

> ***Key Performance Indicators (KPI)*** sind Messgrößen, die sich auf den Erfolg, die Leistung oder Auslastung des Betriebs, seiner einzelnen organisatorischen Einheiten oder einer Maschine beziehen. Richtig angewendet schaffen sie Transparenz, machen Erfolge messbar und liefern wichtige Erkenntnisse für künftige Entscheidungen. In der Personalabteilung sind sie nützliche Hilfsmittel, um Potenziale zu erkennen und die Wirksamkeit von Maßnahmen, wie einer EVP-Kampagne, sichtbar zu machen.

Authentizität ist die Basis für den Erfolg. Daher ist es ratsam, Mitarbeitende gezielt in Recruiting-Maßnahmen einzubinden. Auf Bildern sollten immer Mitarbeitende des Unternehmens abgebildet sein und nicht irgendwelche Menschen von eingekauften Fotos, die man nicht wiedererkennt. Hier lohnt sich das Investment in ein professionelles Fotoshooting. Wenn die Mitarbeitenden dann noch ihre Fotos zur privaten Nutzung zur Verfügung gestellt bekommen und sie diese zum Beispiel als Profilfoto für ihren eigenen Social-Media-Auftritt verwenden, dann verbindet sich automatisch noch mehr Authentizität mit der Arbeitgebermarke. Nur wer stolz auf seinen Arbeitsplatz ist, würde so Werbung für sein Unternehmen machen.

Werden Videos auf Social Media veröffentlicht, sollten diese von und mit den Mitarbeitenden entwickelt werden. Ein Blick in den Arbeitsalltag ist realistischer, wenn der potenzielle Kollege selbst einen Einblick gewährt.

Gerade in Produktionsbetrieben fällt es den Mitarbeitenden schnell auf, wenn zu wenig Kollegen vor Ort sind. Daher ist es ratsam, diese mit in den Prozess der Mitarbeitergewinnung einzubeziehen. Ein sogenanntes Ambassador-Programm, in dem Mitarbeitende langfristig in das Arbeitgebermarketing eingebunden werden, ist empfehlenswert. Wer das Gesicht für das Unternehmen nach außen ist, sollte es auch nach innen sein. Die Ambassadors werden aktiv in die Arbeitgeberkampagne eingebunden, repräsentieren das Unternehmen nicht nur in Bildern, sondern beispielsweise auch auf Messen, und schaffen so eine Identifikation mit dem Unternehmen. Ein Unternehmen, das nicht nur von der Geschäftsführung nach außen präsentiert wird, sondern auch durch die eigenen Mitarbeitenden, macht sich für neue Bewerber attraktiv. So zeigen sich Mitbestimmung und Einbindung, was heute für Mitarbeitende sehr relevant ist.

Natürlich ist die aktive Mitarbeit in der Vermarktung des Unternehmens für neue Beschäftigte nicht umsonst. Dahinter steckt viel Arbeit, diese sollte nicht als selbstverständlich angesehen werden. Wir beschreiben in Abschnitt 3.2 zum Recruiting genauer, wie sich Mitarbeiterempfehlungsprogramme beispielsweise attraktiv gestalten lassen. So viel sei verraten: Die Investition geht auf, so ist gerade in Produktionsbetrieben der Einstieg in den Job über Freunde oder Familie immer noch eine der größten Einzugsquellen neuer Kandidaten – eine Win-win-Situation für alle Beteiligten.

Zuletzt sei noch erwähnt, dass Arbeitgebermarketing nicht bei Job-Postings oder Arbeitgebervermarktung auf Social Media aufhört, sondern dass auch die Online-Identitäten (vor allem) des Managementlevels eines Unternehmens bedeutsam sind. So ist es zu empfehlen, in die Marketingstrategie auch das *Personal Branding* der Geschäftsführung miteinzubeziehen. Diese dient als Sprachrohr für das Unternehmen nach außen und durch gezielte Posts etwa bei LinkedIn lassen sich hier weitere Akzente setzen, die grundsätzlich mit der Gesamtstrategie übereinstimmen. In Zukunft werden Menschen nicht mehr für Marken arbeiten wollen, sondern vor allem für Menschen. Über Menschen informiert man sich im Internet und der öffentliche Auftritt einer Person ist daher nicht zu unterschätzen. Eine gepflegte *Personal Brand* bei LinkedIn beispielsweise untermauert den Außenauftritt eines Unternehmens. Langfristig ist hier natürlich nicht nur die Geschäftsführung gefragt, auch die Ambassadors des Unternehmens sollten über ihre *Personal Brand* das Unternehmen und den Arbeitsplatz vermarkten. Bei kleinen Unternehmen lohnt es sich allerdings, dass die Geschäftsführung den ersten Schritt wagt, denn das lockert Hemmungen, online etwas zu posten. Ganz nach dem Motto: Wenn der Chef das macht, dann darf ich das ja auch.

Im Kern geht es bei *Personal Branding* darum, dass sich Personen mit ihrer eigenen Expertise in der Öffentlichkeit sichtbar machen. Durch die Hilfe einer professionellen Personal-Branding-Strategie zeigt man als Unternehmen Unterschiede zur Konkurrenz auf. Das Produkt und die Maschinen einer Firma sind austauschbar, Menschen hingegen nicht. Durch die Mitglieder einer Organisation lässt sich eine Bindung zum Unternehmen aufbauen.

Unser Fazit
Ohne Selbstvermarktung wird ein Unternehmen in der industriellen Fertigung zunehmend Probleme damit bekommen, neue Mitarbeitende zu gewinnen. Jedes Unternehmen sollte sich daher mit seiner eigenen Identität und seinem Werteversprechen auseinandersetzen, um durch den Aufbau der Arbeitgebermarke ein eigenes Profil auf dem Markt der Stellenanzeigen zu generieren und neue Mitarbeitende durch eine stringente und authentische Werbung anzuziehen. Bezieht ein Unternehmen alle Funktionsgruppen in die Arbeitgebermarketingstrategie und in das eigentliche Marketingkonzept ein, stellt es eine Differenzierung gegenüber anderen Unternehmen sicher und erscheint authentisch in seiner Werbung. Nur gemeinsam wird man die Herausforderungen der Mitarbeitergewinnung erfolgreich meistern.

3.2 Phase 2: Recruiting in herausfordernden Zeiten – der Blick über den Tellerrand

»Das kann doch die Personalabteilung nicht ernst meinen – was leiten die uns denn derzeit für Kandidaten weiter?«, fragt Hanno, der Meister der Nadelfertigung, entsetzt seinen Werksleiter. Er beschwert sich nicht das erste Mal bei seinem Vorgesetzten über die Qualität der Kandidaten, die er von der Personalabteilung für seine vielen offenen Stellen vorgelegt bekommt. »Die haben ja nicht mal eine Ausbildung, die meisten sind komplett fachfremd. Da müssen wir mindestens sechs bis neun Monate Zeit investieren, bevor sie mit den Maschinen richtig umgehen können. Woher sollen wir diese Ressourcen denn

noch nehmen? Wir haben so schon zu wenig Kapazitäten. Wenn wir unsere Produktionsziele im nächsten halben Jahr erreichen wollen, dann können wir unsere wenigen personellen Ressourcen nicht auch noch für die Einarbeitung von fachfremden Mitarbeitenden aufwenden. Wieso sucht die Personalabteilung diese potenziellen Kandidaten überhaupt aus? Die wissen doch, dass wir dafür keine Zeit haben!« Der Werksleiter kann es seinem Gruppenleiter nicht übelnehmen, dass er seinen aktuellen Frust loswerden muss. Auf der anderen Seite ist ihm allerdings auch bewusst, dass die Zeiten sich geändert haben und die Personalabteilung leider keine qualitativ hochwertigeren Bewerbungen bei einer Ausschreibung im Nadelfertigungsbereich erhält. Nur scheint es der Meister noch nicht verstanden zu haben. Daher wirbt der Werksleiter bei seinem Meister ein weiteres Mal um Verständnis für die Situation: »Hanno, wir können froh sein, dass überhaupt Bewerber Interesse an unserem Unternehmen haben. Lass uns die Kandidaten zumindest angucken, vielleicht können die ja doch mehr, als du denkst«, entgegnet er und denkt sich dabei, dass das Unternehmen vor größeren Herausforderungen steht, als Hanno und die restliche Belegschaft bisher realisiert haben.

Früher war vermeintlich einiges besser – dies gilt auch für die Personalakquise. Hatte man eine offene Stelle im Unternehmen zu besetzen, hing man die entsprechende Anzeige ans Schwarze Brett vor der Kantine. Nach kurzer Zeit meldeten sich verlässlich Mitarbeitende, die Kandidaten für die Besetzung empfehlen konnten. Als Vorgesetzter konnte man sich dann den geeignetsten Kandidaten aus einem großen Pool aussuchen. Hatte man sich für einen Kandidaten entschieden, konnte man davon ausgehen, dass die Person für eine lange Zeit im Unternehmen arbeiten würde. Das ist heute anders: Sowohl ein großer Kandidatenpool für eine zu besetzende Stelle als auch die Gewissheit, dass Kandidaten bei Einstellung lange im Unternehmen bleiben, sind heute nicht mehr gegeben. Daher wollen wir uns in diesem Kapitel mit der zweiten Phase des Employee Lifecycles, dem Recruiting von Mitarbeitenden, beschäftigen.

Der Fachkräftemangel wird nirgends so offensichtlich wie bei der Anzahl von eingegangenen Bewerbungen auf offene Stellen. Bleibt die Zahl eingegangener Profile nach der Ausschreibung einer Stelle niedrig, wird aus dem Fachkräftemangel Realität und Auswirkungen im eigenen Unternehmen werden messbar.

Hat sich ein Unternehmen mit einer ganzheitlichen Personalmarketingstrategie auf dem Markt platziert (siehe hierzu Abschnitt 3.1), fängt die eigentliche Arbeit der Personalsuche erst an. Wie geht man hier am besten vor? Welche neuen Wege sollte ein Unternehmen gehen, um gute Bewerbungen bzw. um überhaupt Bewerbungen auf eine Position zu erhalten? Und wie baut man *People Analytics* auf, die einem helfen, die richtige Recruiting-Strategie abzuleiten? All dies wollen wir in diesem Kapitel beleuchten.

> **Bei der Nutzung von *People Analytics* geht es darum, personenbezogene Daten für das Unternehmen so auszuwerten, dass die gewonnenen Ergebnisse als Grundlage für Entscheidungen herangezogen werden können. Das klassische Personalcontrolling ist die Ausgangsbasis des People-Analytics-Systems, da es die personenbezogenen Daten im Ist-Zustand erfasst. People Analytics erfasst darüber hinaus Entwicklungen und verknüpft sie mit Unternehmensdaten. So ist es beispielsweise möglich, hohe Krankenstände in bestimmten Abteilungen vorherzusagen und frühzeitig Gegenmaßnahmen umzusetzen. Die Analysen ermöglichen einerseits, optimale Arbeitsbedingungen für Mitarbeitende zu schaffen, und verbessern gleichzeitig Prozesse und Strategien.**

Auch beim Recruiting gilt: Eine Analyse des Status quo hilft zu verstehen, wo bei der Personalarbeit nachgebessert werden sollte. Wie oben beschrieben, wurde »früher« kaum Aufwand betrieben, um offene Stellen zu besetzen. Ein wahrer Luxus, den Unternehmen sich heute leider nicht mehr leisten können. Recruiting ist zu einem absoluten Brennpunkt geworden. Wenn offene Stellen nicht zeitnah besetzt werden, führt das vor allem in der Produktion dazu, dass es Rückstände gibt. Diese können sich in Geschäftsergebnissen und in Kundenbeziehungen negativ niederschlagen. Ein Blick über den Tellerrand ist erforderlich, um sich langfristig den neuen Bedürfnissen entsprechend aufzustellen. Auch im Recruiting ist es wichtig, dass der Mensch in den Fokus rückt.

Wenn ein Bewerbungsprozess auf die Kandidaten eingeht, kann eine Bewerbung zu einem positiven Erlebnis für Interessierte werden. Dazu gilt es, Zielgruppen entsprechend zu definieren und anzusprechen. Die Art und Weise, wie man unterschiedliche Zielgruppen erreicht, unterscheidet sich. Sie hängt stark davon ab, welche Erwartungshaltung Kandidaten an die neue Rolle und das Unternehmen haben. New-Work-Maßnahmen spielen auch hier eine entscheidende Rolle. So kann man zum Beispiel durch die Einbindung von Mitarbeitenden in das Recruiting eine unternehmensebenenübergreifende Verpflichtung herstellen, gemeinsam die Firma nach vorne zu bringen. Wenn Mitarbeitende in den Recruiting-Prozess eingebunden werden, entwickelt sich ein ganz neues Verständnis für die Anforderungen, aber auch für die Aufgaben der zu besetzenden Rolle. Beschäftigte agieren nicht nur per Order, sondern begegnen der Herausforderung, neue Kollegen zu finden, mit Kreativität und Spontanität. Am obigen Beispiel von Hanno würde das bedeuten, dass er vielleicht nicht nur über die Personalabteilung schimpfen würde. Vielmehr würde er aktiv bei der Suche nach Mitarbeitenden unterstützen, sein eigenes Netzwerk nutzen und zusammen mit der Personalabteilung nach dem richtigen Kandidaten suchen.

Dabei empfiehlt es sich, offen für neue Recruiting-Kanäle zu sein. Viele Unternehmen arbeiten noch immer mit einem mittlerweile zwar weitgehend digitalisierten, aber dennoch sehr klassischen Bewerbungsprozess. Eine Stelle wird auf verschiedenen Plattformen ausgeschrieben und Bewerber reichen Lebenslauf, Anschreiben und Zeugnisse per E-Mail bei der Personalabteilung ein. Diese verteilt die Dokumente dann intern an die passenden Stakeholder. Es gibt mittlerweile viele neue Tools und Plattformen, um den gesamten Prozess zu automatisieren. Dabei muss man als Unternehmen allerdings einige Dinge beachten, denn nur weil ein Prozess automatisiert abläuft, heißt das noch lange nicht, dass man auch die richtige Zielgruppe erreicht. Daher wollen wir uns im Folgenden auf drei Maßnahmenbereiche konzentrieren.

Ein kandidatenzentrierter Einstellungsprozess
Auf einem Arbeitsmarkt, in dem es ausreichend Bewerberinnen und Bewerber für ausgeschriebene Stellen gibt, ist der Recruiting-Prozess von technischen und administrativen Inhalten geprägt. Auf Basis eines

klar definierten Anforderungsprofils wird eine Stellenanzeige veröffentlicht. Kandidatinnen und Kandidaten bewerben sich mit Lebenslauf, Motivationsschreiben und Arbeitszeugnissen. Danach folgen die Auslese und die Benachrichtigung der Interessenten, die zu einem Interview eingeladen werden. Aufgrund der Anzahl an Bewerbungen nimmt dieser Schritt häufig einige Zeit in Anspruch. Wenn überhaupt, wird den Bewerbenden, die nicht zu einem Interview eingeladen werden, eine kurze formale Absage übersendet. Doch dieses Vorgehen baut darauf, dass es genug fachlich geeignete Bewerbende gibt, und stößt schnell an seine Grenzen, wenn dies nicht der Fall ist.

Ein erfolgreicher Prozess sieht heute anders aus. Er stellt die Erfahrung, die die Kandidatinnen und Kandidaten machen (»Candidate Experience«), in den Vordergrund. Denn heute dreht sich alles darum, potenzielle Mitarbeitende für das Unternehmen zu begeistern und die EVP erfolgreich im Kandidatenmarkt zu kommunizieren.

> Der Begriff *Candidate Experience* beschreibt, wie Bewerber und Bewerberinnen den gesamten Bewerbungsprozess subjektiv wahrnehmen. Bei der Beurteilung, wie Kandidatinnen und Kandidaten den Bewerbungsprozess erleben, werden sämtliche Berührungspunkte zwischen ihnen und dem Unternehmen mit einbezogen, wie:
> - Internetauftritt (Karriereseite, Stellenausschreibung, Bewertungsplattformen)
> - Interviewprozess
> - Angebot und Vertragserstellung
> - Onboarding

Emotionale Bindung im Recruiting-Prozess herstellen
Aufgrund der wenigen potenziellen Interessenten für eine Stelle darf nicht mehr das »Wie« im Vordergrund stehen. Kandidatinnen und Kandidaten muss so früh wie möglich im Prozess deutlich werden, »warum« sie sich für ein Unternehmen entscheiden sollten, wie sie selbst im Unternehmen einen Unterschied machen können. Der gesamte Be-

werbungsprozess wird von einem klaren Muster getrieben: Alle Bewerbenden sollen sich für das Unternehmen durch den Prozess begeistern lassen. Die nachfolgende Abbildung zeigt diese Kombination von technischen und emotionalen Phasen.

Tool 4

1	Aufmerksamkeit gewinnen
2	Werte des Unternehmens verstehen
3	Eigene Werte im Unternehmen wiedererkennen
4	Von der Bewerbung zum Organisationsmitglied
5	Vom Outsider zum Insider, zum Netzwerker für die Organisation

Emotionale Bindung im Recruiting-Prozess herstellen

Jobsuchende in der industriellen Fertigung befinden sich heute in der für sie komfortablen Situation, stets und ständig neue Alternativen auf dem Arbeitsmarkt zu haben. Daher muss es im Recruiting-Prozess vor allem darum gehen, den Kontakt zwischen Bewerbenden und Unternehmen so angenehm wie möglich zu gestalten und potenzielle Kandidatinnen und Kandidaten für sich zu begeistern. Dies gilt auch für die Bewerbenden, die am Ende nicht eingestellt werden. Denn sobald jemand mit einem Unternehmen in Kontakt steht, bildet er sich auf Basis seiner subjektiven Wahrnehmung eine Meinung über das Unternehmen. Macht er gute, wertschätzende Erfahrungen im Recruiting-Prozess, bleibt das Unternehmen auch bei einer Absage in positiver Erinnerung. Der Kandidat oder die Kandidatin wird nicht nur von einer professionellen Candidate Experience beeindruckt, sondern auch schon emotional mit dem Unternehmen verbunden. Und wenn dies der Fall ist, stehen die Chancen nicht schlecht, dass er/sie dies auch mit dem eigenen Netzwerk teilen wird und in gewisser Art und Weise Werbung für das Unternehmen macht. Wenn jemand schlechte Erfahrungen im Recruiting-Prozess macht, wird er dies auch mitteilen. Im ungünstigsten Fall für das Unternehmen nicht nur im privaten Netzwerk, sondern auf Internetseiten wie *kununu.de* oder *Glassdoor*. Ein guter Recruiting-Prozess ist nicht nur für die Besetzung von aktuellen Stellen wichtig, sondern auch ein wesentlicher Bestandteil der Arbeitgebermarke. Recruiting ist immer ganzheitlich zu betrachten und hört auch mit einer Absage niemals auf. Wer heute nicht passt, passt ja vielleicht morgen.

Doch wie begeistert man Personen für ein Unternehmen? Der Schlüssel für eine gute Candidate Experience sind positive Emotionen. Immer wenn ein Kandidat oder eine Kandidatin mit dem Unternehmen in Kontakt kommt, überprüft er/sie unterbewusst, ob die vermittelten Werte zu den eigenen Werten passen. Wenn sich jemand zum ersten Mal im Internet über ein Unternehmen informiert, können Rezensionen von anderen Interessierten oder die auf der Unternehmenswebsite vermittelten Inhalte den Unterschied machen, ob eine Bewerbung abgeschickt wird oder nicht. Sowohl beim ersten richtigen Kontakt, beim Probearbeiten als auch bei der Aussprache eines Angebots überprüft ein Kandidat oder eine Kandidatin, ob er/sie sich mit denselben Werten konfrontiert sieht. Wenn im Kontakt mit dem Unternehmen dieselbe Aufgeschlossenheit und Bedeutsamkeit aufkommt, wird der oder die Betreffende sich emotional mit dem Unternehmen und den Menschen im Unternehmen verbinden. Daher ist es relevant, alle Personen, die an einer Personalauswahl beteiligt sind, dahingehend zu schulen, dass sie Bewerbende ähnlich ansprechen und die Werte des Unternehmens einheitlich präsentieren. Im Mittelpunkt steht hierbei, dass man sich als Unternehmen bei den Kandidaten/Kandidatinnen bewirbt und nicht umgekehrt.

Um eine positive Candidate Experience sicherzustellen, ist ein technisch reibungsloser Ablauf des Bewerbungs- und Einstellungsprozesses eine absolute Grundvoraussetzung. Erwartet werden stetige und ständige schnelle Rückmeldungen zum Stand des Prozesses, nach Zusage sollte innerhalb von 24 Stunden ein Vertrag zur Durchsicht übermittelt werden. Viele KMUs arbeiten klassisch mit E-Mail oder Telefonanrufen, aber auch mit kurzen Statusupdates via Messenger-Dienst oder einer SMS kann man heutzutage Jobinteressierte kontaktieren. Auch hier gilt es, die Position bzw. das Einstiegslevel zu beachten. Versucht man gerade eine Führungsposition zu besetzen, sollte man die Ansprache deutlich förmlicher angehen, als wenn man Auszubildende für das Unternehmen gewinnen möchte.

Key-Performance-Indikatoren im Recruiting nutzen

Recruiting ist kein Sprint, sondern ein Marathon. Erfolgreich ist der, der es verlässlich schafft, seine EVP auf dem Arbeitsmarkt zu platzieren, und sich langfristig einen Pool an Kandidatinnen und Kandidaten aufbaut. Die am Anfang des Kapitels beschriebene Situation verdeutlicht, dass es manchmal aber auch Situationen gibt, in denen man sich als Personalerin machtlos fühlt. In der auch eine formvollendete Candidate Experience kein absoluter Garant für viele Bewerbungseingänge ist. In solchen Situationen sitzt man fast hilflos vor einer leeren Inbox, nachdem man eine Stellenanzeige veröffentlicht hat, und muss sich vor Führungskräften und mitunter auch der Geschäftsführung dafür rechtfertigen, warum noch kein geeigneter Bewerbender gefunden wurde. Genau deswegen empfiehlt es sich zunächst einmal, die eigene Datenlage zu verstehen und die relevanten KPIs zum Recruiting zu analysieren. Hierbei hilft eine Betrachtung über mindestens zwölf Monate, da eine einmalige Momentaufnahme von Daten das Bild verfälschen könnte. Recruiting kann ein Teil der People Analytics im Betrieb werden, wenn die im Recruiting-Prozess zur Verfügung stehenden Daten dazu genutzt werden, Vorhersagen zu machen, bei welchen Prozessschritten es noch ungenutzte Potenziale gibt. Gleichzeitig bieten Recruiting-KPIs auch die Möglichkeit, sich bewusst zu werden, was schon gut funktioniert und welche Faktoren im Prozess einen positiven Einfluss auf die Einstellung von Bewerbenden haben. Wir wollen gerne fünf Kennzahlen einführen, die helfen, das Recruiting zu professionalisieren und messbar zu machen:

Tool 5

Time to hire: (TTH): Diese Kennzahl gibt an, wie lange ein Unternehmen braucht, um eine Stelle zu besetzen. Hier wird meistens mit Arbeitstagen als Kennwert gearbeitet. Benötigt man vom Posting bis zum unterschriebenen Arbeitsvertrag sieben Wochen mit je fünf Arbeitstagen, dann wäre TTH = 35. Je geringer die Kennzahl ist, desto besser, indiziert sie doch, wie schnell das Unternehmen neue Bewerbende für sich begeistern kann und wie schnell die Personalabteilung die Einstellung administrativ begleitet. Schnelligkeit ist im heutigen herausfordernden Arbeitnehmermarkt von immenser Bedeutung.

Tool 6

Cost per Hire (CPH): Diese Größe gibt an, wie viel ein Unternehmen investiert hat, um die Stelle zu besetzen. Hier zählen alle Kosten, die das Unternehmen aufbringen musste, zum Beispiel von der Gebühr für das Posting von Stellenanzeigen, die Annonce in einer Zeitung oder auch das Schalten eines Spots im Radio. Dieser KPI ist ein sinnvoller Indikator für die Geschäftsführung, ob das Recruiting-Budget gut eingesetzt wird oder ob zu viel Geld für die Stellenbesetzung aufgewendet wird. Hier hilft vor allem der Vergleich der CPH über unterschiedliche Positionen hinweg, so erhält man einen guten Einblick, welche Positionen im Unternehmen die herausforderndsten bei der Besetzung sind.

Tool 7

Offer Acceptance Rate (OAR): Die OAR spiegelt wider, wie viele ausgesprochene Angebote von einem Unternehmen an einen Kandidaten oder eine Kandidatin auch akzeptiert wurden. Wenn jemand ein Angebot nicht akzeptiert, könnte es mit dem Unternehmen, dem Bewerbungsprozess oder den involvierten Personen zusammenhängen. Hier lassen sich Hinweise auf den Prozess ableiten und Probleme identifizieren, die man im weiteren Ablauf abstellen muss.

Tool 8

Quality of Hire (QOH): Die Qualität neuer Mitarbeitender lässt sich in der Regel innerhalb der ersten zwölf Monate messen. Stimmt die Leistung? Passt der oder die Neue ins Team und in das Unternehmen? Hat er oder sie in den ersten zwölf Monaten das Unternehmen wieder verlassen bzw. wurde innerhalb der Probezeit entlassen? All dies sind Merkmale, die es erlauben, die Qualität der Bewerbungen zu messen.

Tool 9

Source of Hire (SOH): Um ermitteln zu können, wie man für einzelne Positionen in einem Unternehmen rekrutieren sollte, ist es wichtig, die Erfolge der Rekrutierungskanäle anzuschauen. Welcher Kanal bringt die meisten Bewerbungen hervor? Von welchem Kanal gehen die meisten Einstellungen aus? Diese KPI hilft, die Recruiting-Ressourcen zielgenau einzusetzen und das Budget nicht zu überlasten.

Tool 10

Die **Datenanalyse** ist eine der ersten und wichtigsten Stellschrauben, um die Personalakquise zielführend zu verändern. Viele HR-IT-Systeme ermöglichen es, die Kennzahlen in einem Dashboard punktuell herunterzuladen, sodass man einen visuellen Überblick über all die verschiedenen KPIs erhält. Das Dashboard ist ein relevantes Managementtool, das fester Bestandteil des Personalmanagements sein sollte. Besonders für die sogenannten »Key and Critical Roles« empfiehlt es sich, einmal monatlich im Managementmeeting ein Dashboard vorzustellen, welches den aktuellen Status aller Aktivitäten und Erfolge zusammenfasst. Damit weiß jede Führungskraft im Unternehmen, wo der Recruiting-Prozess steht und an welchen Stellen es eventuell hakt. Gerade der Funnel der geführten Interviews hilft der Personalabteilung, zu verstehen, ob eine ihrer Führungskräfte den Prozess mit hoher Geschwindigkeit unterstützt oder ob hier durch eine entsprechende Sensibilisierung die Geschwindigkeit hervorgehoben werden kann.

Jedoch hat nicht jedes KMU eine HR-Software, die dies automatisiert ermöglicht. Viele nutzen Software lediglich für die monatliche Lohnabrechnung und als Informationssystem für die Personalstammdaten, sodass es notwendig ist, eigenständig und manuell Dashboards zu erstellen. Was zunächst komplex klingt, soll es nicht sein, daher haben wir hier ein Beispiel für ein Recruiting-Dashboard aufgesetzt. Wir empfehlen, dies mindestens einmal im Monat zu aktualisieren, um Trends und Herausforderungen zu analysieren. Es kommt hier nicht auf die Optik, sondern auf den Inhalt an.

Tool 11

RECRUITING-DASHBOARD

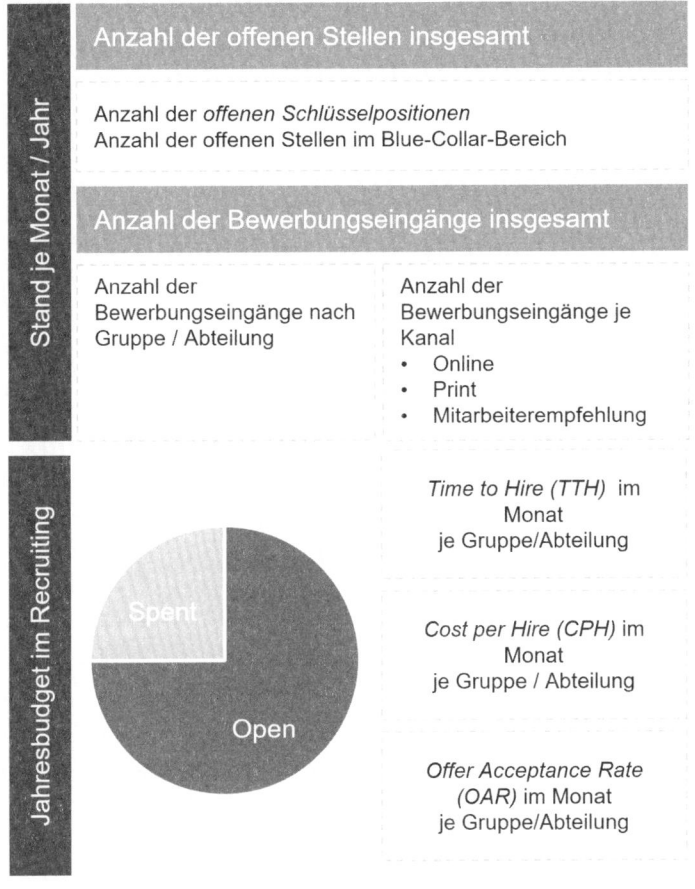

Aufbau eines Recruiting-Dashboards

Zahlen helfen der Personalabteilung, die eigene Arbeit im Unternehmen sichtbar zu machen, so ist es immer empfehlenswert, das Dashboard mit der Geschäftsleitung zu teilen. Die Zahlen geben den Puls der Zeit wieder und so lässt sich die Arbeit in der Personalakquise entsprechend bewerten. Sind wenige Bewerbungen für eine Position eingegangen, dann ist nicht automatisch die Arbeit der Personalabteilung »schuld«, sondern dies ist vielmehr ein Indikator für die Herausforderungen der Akquise, die immer mehr zunehmen werden.

Zielgruppenspezifisches Recruiting als Schlüssel zum Erfolg

Da wir uns nun mit dem idealen Prozess und den relevanten Recruiting-KPIs auseinandergesetzt haben, möchten wir jetzt einmal auf die verschiedenen Zielgruppen eingehen. Durch einen auf die Zielgruppe abgestimmten Bewerbungsprozess erhöht ein Unternehmen die Chancen, dass es die Bewerbenden emotional abholt. Alle potenziellen Kandidatinnen und Kandidaten bringen Wünsche für einen neuen Job mit. Je nach Lebensphase und bisherigen beruflichen Erfahrungen achten sie bei der Auswahl eines Jobs auf unterschiedliche Kriterien. Grundsätzlich lassen sich diese Erwartungen in drei Kategorien aufteilen:

Tool 12

Arbeitsaufgabe	■ Art der Aufgaben ■ Führungsverantwortung ■ Autonomie bei der Arbeit
Vergütung	■ Gehalt ■ Zusatzleistungen, wie Job-Rad, Kinderbetreuung, Gym-Pass, Unterstützungsangebote bei der Pflege von Angehörigen, betriebliche Altersvorsorge ■ Vermögenswirksame Leistungen
Unternehmenskultur	■ Weiterentwicklungsmöglichkeiten ■ Art und Weise, wie Flexibilität gelebt wird (zeitlich/örtlich) ■ Sabbaticals etc. ■ Hierarchie im Unternehmen ■ Art und Weise der Zusammenarbeit

Darstellung verschiedener Erwartungen von Mitarbeitenden an einen neuen Arbeitgeber

Eine Bewerberin oder ein Bewerber wird dann Gefallen an einem Job finden, wenn viele ihrer bzw. seiner Erwartungen erfüllt werden. In der betrieblichen Praxis ist schon seit vielen Jahren zu beobachten, dass Aspekte der Unternehmenskultur in den Fokus vieler Beschäftigter rücken und beispielsweise die Vereinbarkeit von Familie und Beruf in manchen Zielgruppen ein wichtiges Argument bei der Wahl des Arbeitgebers darstellen kann.

Die Zielgruppe ist entscheidend für die Auswahl des richtigen Recruiting-Tools. Was bei der einen Gruppe gut funktionieren mag, wird sicherlich nicht die andere Gruppe ansprechen. Unserer Erfahrung nach gehen KMUs nur wenig auf die unterschiedlichen Zielgruppen beim Recruiting ein. War man es jahrelang gewöhnt, über eine Annonce in der Zeitung im Ort die Stellen zu besetzen, dann hatte man auch wenig Antrieb, dies zu verändern. Doch die stetig wachsenden Herausforderungen auf dem Bewerbermarkt zwingen uns, die Bewerbergruppen anders zu betrachten. Am relevantesten ist die Frage, für welchen Bereich im Unternehmen gesucht wird. Werden für die Produktion neue Blue-Collar-Kollegen gesucht oder sucht man doch im White-Collar-Bereich? Die Unterscheidung zwischen Blue- und White-Collar ist ausschlaggebend für den Kanal, der für die Suche genutzt werden soll. Des Weiteren ist es hilfreich, zu beachten, welche Position besetzt werden soll. Ist dies eine Position für Berufseinsteiger/-innen? Oder ist es eine Position für Personen mit Führungserfahrung? Suchen wir eine Person mit großer Fachexpertise? All diese Fragen müssen im Vorhinein geklärt werden, bevor man das Recruiting startet. Grundsätzlich empfehlen wir eine Entscheidungsmatrix, die bei der Auswahl der richtigen Recruiting-Strategie startet. Die Ergebnisse der Entscheidungsmatrix helfen, den passenden Kanal für die jeweilige Zielgruppe auszusuchen. Erfahrungsgemäß erreicht man Blue-Collar-Bewerbende nicht über dieselben Zugangswege, mit denen man White-Collar-Talente ansprechen möchte. Woran liegt das?

Viele KMUs in Deutschland liegen sehr dezentral in kleineren Städten und Gemeinden, sind eng in diese eingebunden und haben sich über Jahrzehnte eine Bekanntheit erarbeitet. Die Bewohnerinnen und Bewohner der Gegend kennen den Namen des Unternehmens und haben eine Vorstellung, wofür es inhaltlich steht. In den meisten Fällen hat die

Gründungsperson beispielsweise schon früh den örtlichen Sportverein gesponsort oder das Schützenfest durch Werbung finanziert. So entstand eine Bekanntheit, die für die Personalakquise stets hilfreich war. Schichtarbeitende sind in der Regel sehr gut miteinander vernetzt, gerade im ländlichen Raum. Man kennt sich, trifft sich am Wochenende auf dem Fußballplatz oder feuert seine Kinder bei einem Sportturnier gemeinsam an. Dass in solchen informellen Kontexten über die Arbeit gesprochen wird, liegt auf der Hand. Hier kommt wieder Begeisterung ins Spiel. Wer begeistert von seiner Arbeit ist, wird auch begeisternd von seinem Unternehmen berichten und somit andere potenzielle neue Beschäftigte anwerben. Auch ist die Nutzung von Social Media im Blue-Collar-Bereich noch nicht so stark ausgeprägt wie bei White-Collar-Beschäftigten. Die wenigsten Blue-Collar-Mitarbeitenden sind beispielsweise auf beruflichen Plattformen wie LinkedIn oder Xing angemeldet. Falls sie angemeldet sind, nutzen sie diese nicht so aktiv, wie ihre Kollegen aus dem White-Collar-Bereich das tun. Was ist denn der geeignetste Kanal?

Tool 13

Unsere Datenanalyse aus drei mittelständischen Unternehmen über die vergangenen zwölf Monate lässt eine klare Top-4-Reihenfolge der Bewerbungsansprache für die Blue-Collar-Mitarbeitenden erkennen:

1. **Mitarbeitende werben Mitarbeitende:** Hier werden neue Kandidatinnen und Kandidaten durch die gezielte Ansprache von Beschäftigten gewonnen. Die empfehlende Person erhält für die erfolgreiche Besetzung der Stelle eine Prämie, die in zwei Raten gezahlt wird. Die erste Rate wird bei bestandener Probezeit gezahlt und die zweite Rate nach zwölf Monaten. So verpflichten sich die werbenden Mitarbeitenden, nur Personen zu gewinnen bzw. für die Stellen vorzuschlagen, die auch tatsächlich langfristig im Unternehmen bleiben und eine gute Leistung bringen.

2. **Zeitungsanzeigen:** Auch wenn es im digitalen Zeitalter sehr veraltet klingt, so sind Anzeigen in den lokalen und örtlichen Wochenendanzeigern für die Besetzung von Produk-

tionsstellen im ländlichen Raum von großer Bedeutung. Die kleinen Zeitungen werden in den Gemeinden sehr genau studiert, hier erfährt man, was in der Gegend aktuell passiert. Eine Anzeige in einen dieser »Käseblättchen« zu schalten, lohnt sich stets und man kann sich sicher sein, dass eigene Beschäftigte auf die Personalsuche bei lokalen Sportevents und anderen Zusammenkünften angesprochen werden. Hier ist das gezielte Employer Branding von Bedeutung, denn man muss als Unternehmen herausstechen und seine Werte vermitteln.

3. **Radiospots:** Wer schon einmal morgens zwischen sieben und acht Uhr im ländlichen Raum Auto gefahren ist und dabei Radio gehört hat, wird sie kennen: wiederkehrende Radiospots, in denen Unternehmen gezielt auf Stellen aufmerksam machen und Bewerber sowie Bewerberinnen ansprechen. Idealerweise mit einem Ohrwurm verbunden, denn was im Ohr bleibt, bleibt auch im Kopf. Dieser Kanal hilft, in der breiteren Öffentlichkeit auf seine Suche aufmerksam zu machen, denn die Radiofrequenz ist stets über eine größere Fläche abrufbar und somit wird ein Spot auch von einer deutlich größeren Masse gehört.

4. **Social-Media-Plattformen – Facebook, Instagram und TikTok:** Es gibt mittlerweile einige Beispiele auf TikTok und Instagram, bei denen Social-Media-Kanäle von KMUs durch ein einziges Video viral gegangen sind. Mehrere Hunderttausend Menschen bekommen dann in kürzester Zeit ein kurzes Video in ihren Feed gespielt. Ein einmalig starkes Instrument, um sich als Arbeitgeber zu präsentieren und vor allem auch erst einmal als Arbeitgeber wahrgenommen zu werden. Durch solch eine Onlinepräsenz kann man Einblicke in den Betriebsalltag geben, aktuelle Mitarbeitende eng mit einbeziehen und emotionale Nähe zu potenziellen Kandidatinnen und Kandidaten herstellen.

Das Problem dieser Ansprachewege ist sofort ersichtlich: Sie sind sehr teuer und sie sind nicht besonders modern oder, wie im Falle der Bespielung unterschiedlicher Social-Media-Plattformen, zeitintensiv. Bedeutet dies, dass man sich beim Recruiting von Blue-Collar-Mitarbeitenden stets auf diese Wege konzentrieren muss? Wir sagen hierzu ganz klar: Nein. Natürlich hilft es, gerade für sehr fachliche Positionen ganzheitliche Kampagnen zu schalten, jedoch gibt es einige neue Wege, die kostengünstiger sind und die ebenso neue Zielgruppen sehr schnell erschließen. Unserer Erfahrung nach sind folgende zwei Ansprachewege besonders erfolgreich:

1. *Recruiting mittels Chatbot auf Social Media:* KMUs können sich je nach Position gezielt Chatbots programmieren lassen, die dann über die verschiedensten Social-Media-Kanäle Kandidatinnen und Kandidaten ansprechen. Wer beispielsweise abends auf Facebook unterwegs ist, wird so gezielt vom Chatbot im Rahmen einer Anzeige angesteuert und gefragt, ob er oder sie Interesse an einer neuen beruflichen Herausforderung hat. Mit fünf gezielten Fragen kann jemand seine Kontaktdaten hinterlegen und die Personalabteilung meldet sich dann zeitnah bei ihm. So verbindet sich Active Sourcing mittels Chatbot mit direkter Kandidatenansprache durch ein Mitglied des Unternehmens.

2. *Recruiting via WhatsApp:* Langwierige Bewerbungsprozesse kann sich heute keiner mehr leisten, dazu gibt es einfach zu wenige Bewerbende auf dem Markt. Daher ist die Vereinfachung von Prozessen unabdingbar, um langfristig erfolgreich sein zu können. Durch die Einbindung eines Messenger-Dienstes, wie etwa WhatsApp, ist die Kommunikation zu Kandidatinnen und Kandidaten sehr schnell. Maximal wird ein Lebenslauf verlangt, Zeugnisse und Anschreiben sind angesichts des Fachkräftemangels weniger von Belang. Diese kann man noch erfragen, wenn die ersten Hürden des Prozesses bestanden wurden. Wir haben beispielsweise schon die Pool-Fahrzeuge in einem Unternehmen mit einem QR-Code versehen, der direkt den WhatsApp-Kanal zum Recruiting aufgemacht hat. So haben Kandidatinnen und Kandidaten die Möglichkeit, schnell Fragen zu stellen und eine Bewerbung einzureichen.

Ein Hinweis: Hierzu ist anzumerken, dass gerade in Deutschland auf die DSGVO, die Datenschutzgrundverordnung, zu achten ist. Dies ist mit dem Business-Profil von WhatsApp gewährleistet und kann entsprechend auf dem Computer der Personalabteilungsmitarbeitenden installiert werden.

Beide Wege sind deutlich kostengünstiger als die klassischen Anspraarbwege über Mitarbeiterempfehlungen oder Zeitungsanzeigen. Während Letztere schnell im fünfstelligen Bereich enden, liegen die Lizenzen für einen Chatbot oder für einen Messenger-Dienst im dreistelligen Bereich. Somit wirkt sich dies positive auf den KPI »Cost per Hire« aus und durch die schnellere Bearbeitungszeit auch auf unsere »Time to hire«.

Sind dies auch Wege für die White-Collar-Belegschaft? Einerseits ja, andererseits nein. Natürlich können und sollen sich alle Interessierten auch über den kurzen Austauschweg via Messenger-Dienst bewerben dürfen, vom größten Erfolg ist allerdings unserer Erfahrung nach das *Active Sourcing* über LinkedIn.

> Im Vergleich zu klassischen Recruiting-Maßnahmen gibt es beim *Active Sourcing* einen entscheidenden Unterschied. Nicht Interessierte bewerben sich beim Unternehmen, sondern das Unternehmen bewirbt sich bei potenziellen Kandidatinnen und Kandidaten. Ein Unternehmen tritt dabei aktiv mit einer offenen Stelle an einen potenziellen Kandidaten heran. Personaler kontaktieren diese Person mit einer persönlichen Nachricht und loten somit mögliches Interesse aus. Dies ist zwar zeitintensiv, aber lohnend, da man so einen verbindlichen Austausch fördert und den Bewerbenden automatisch in sein Netzwerk integriert. Indem Bewerbende das Gefühl erhalten, dass sie im Mittelpunkt des Recruiting-Prozesses stehen, sollen sie langfristig an ein Unternehmen gebunden werden. So kann ein Talent-Pool aufgebaut werden.

LinkedIn ist das weltweit am schnellsten wachsende und größte Berufsnetzwerk, auch in Deutschland. Laut Statista hatte LinkedIn Ende April 2024 in der DACH-Region (also in Deutschland, Österreich und der

Schweiz) bereits 24 Millionen Mitglieder. Das ist für alle Unternehmen ein riesiger Schatz an potenziellen Bewerbenden. Die Personalsuche via LinkedIn hat mehrere Vorteile, auf die wir im Folgenden gerne kurz eingehen wollen.

- *Größe:* Wer bei LinkedIn einen Job inseriert, der teilt ihn mit der ganzen Welt. Die angesprochene Zielgruppe ist immens groß und auch Personen außerhalb der lokalen Zone können auf den Job aufmerksam werden. So zieht man Bewerbende an, die bereit sein könnten, für den Job umzuziehen, und somit mit herkömmlichen Anzeigen gar nicht erst erreicht werden könnten.

- *Active Sourcing:* Nirgends ist es leichter, potenzielle Kandidatinnen und Kandidaten anzusprechen, als über eine Nachricht bei LinkedIn. Durch das Filtern der Personen (Merkmale wie Berufsabschluss, Berufserfahrung, Ort und weitere soziodemografische Variablen können ausgewählt werden) erhält man eine zielgenaue Stichprobe, die man mit einem standardisierten Text anschreiben kann. Da man als Recruiter selbst auf LinkedIn mit einem Profil vertreten ist, wird die Ansprache direkt, persönlicher und nahbarer. So baut man schon in der ersten Ansprache eine Emotion auf, die hilft, den Kandidaten oder die Kandidatin für das Unternehmen zu begeistern.

- *Netzwerkausbau:* Durch das aktive Posten auf LinkedIn macht ein Unternehmen sehr stark auf sich aufmerksam. Jedoch sind es vor allem die individuellen Personen eines Unternehmens, die hier die Bindung und die Außenwirkung positiv beeinflussen. Stolze Mitarbeitende posten aktiv über Aktivitäten im Unternehmen, sie vernetzen sich mit anderen Personen aus denselben Branchen und üben somit einen großen Einfluss auf die Arbeitgeberwahrnehmung aus. Kaum ein Tool ist so hilfreich für das Platzieren der EVP (siehe Abschnitt 3.1) wie ein berufliches Onlinenetzwerk.

Unser Fazit
Wenn wir die optimale Candidate Experience aufgebaut haben, einen Prozess etabliert haben, der ganz im Sinne des New-Work-Gedankens

den Mitarbeitenden Mitgestaltung in der Stellenbesetzung ermöglicht, und wir zusätzlich noch eine emotionale Bindung zu allen Interessierten aufgebaut haben (Stichwort: Wir haben für unser Unternehmen begeistert.) und trotzdem kommen nicht die passenden Kandidatinnen und Kandidaten – was ist dann?

Erinnern wir uns an dieser Stelle an den Meister Hanno vom Anfang des Kapitels, der seinen Unmut darüber ausgedrückt hat, dass er nur noch fachfremde Bewerbungen erhält. Die Situation von Hanno ist kein Einzelfall, sondern wird mehr und mehr zur Norm werden. Es gibt de facto immer weniger Fachkräfte auf dem Arbeitsmarkt und daher wird der Kampf um die Top-Talente größer. Wir haben dies schon oft erlebt. Unsere Lösung? Wir haben die qualitativen Einstellungskriterien für die unterschiedlichen Positionen optimiert. Von fachlichen Kriterien hin zu Soft Skills, getreu dem Motto: Wer das richtige Mindset hat, der wird auch die Fachlichkeit schnell erwerben können. Die Einstellung eines Bewerbenden ist dann oft wichtiger als die Expertise. Will der oder die Angesprochene sich entwickeln? Ist er oder sie bereit, Neues zu lernen? Hat er/sie die nötige Resilienz für den Schichtbetrieb? Kommt er/sie mit Druck zurecht? Und vor allem: Wie passt er/sie ins Team? Diese Leitfragen haben es ermöglicht, auch schon völlig fachfremde Personen in schnellem Tempo auf neue Maschinen zu schulen. Durch das eingangs geschenkte Vertrauen haben wir so Mitarbeitende gewonnen, die sich durch eine hohe Loyalität auszeichnen. Der Blick über den Tellerrand fällt nicht allen leicht, aber er ist notwendig, um in der heutigen Zeit noch wettbewerbsfähig zu bleiben.

Grundsätzlich empfehlen wir allen Unternehmen, sich intensiv mit ihren KPIs für das Recruiting auseinanderzusetzen. Zahlen lügen nicht und Eindrücke, die durch Emotionen geleitet sind, können mit Zahlen entweder validiert oder ausgeräumt werden. Strategische Personalarbeit bedeutet auch, zu verstehen, was wirkt und was nicht wirkt – immer verbunden mit der dahinterliegenden Kostenanalyse. Recruiting wird in den kommenden Jahren der steigende Kostenblock in einer Unternehmensbilanz sein. Wer hier früh versteht, wie die Kosten entstehen, und diese unternehmerisch erklären kann, ist einen großen Schritt voraus.

3.3 Phase 3: Onboarding – wenn Talente vom Outsider zum Insider einer Organisation werden

»Hanno, wo bleibt denn der Neue, der heute anfangen sollte? Die Schicht hat vor zwei Stunden begonnen und es sollte doch ein neuer Zerspanungsmechaniker bei mir im Team starten? Bisher ist noch niemand hier aufgetaucht! Habe eben schon bei seinem zuständigen Personaler angefragt, der weiß auch von nichts und kann ihn nicht erreichen. Weißt du, wo der bleibt?« Einer von Hannos Teamleitern ist aufgebracht. Heute sollte eigentlich ein neuer Mitarbeiter anfangen. Doch wie es aussieht, ist diese Person am ersten Arbeitstag einfach nicht wie verabredet an ihrem neuen Arbeitsplatz erschienen. Auch Hanno ist verwundert: *»Nein, ich habe nach dem letzten Gespräch mit ihm vor der Vertragsunterzeichnung nichts mehr von ihm gehört und bin davon ausgegangen, dass die Personalabteilung alles Weitere mit ihm geklärt hat und er heute pünktlich zu seinem ersten Arbeitstag erscheint.«* Da Hanno keine Telefonnummer oder E-Mail-Adresse vom neuen Kollegen hat, wendet auch er sich noch einmal an die Personalabteilung, vielleicht können sie ja doch weiterhelfen. Hanno erhält die Information, dass man nach Vertragsabschluss vor 1,5 Monaten noch ein weiteres Mal Kontakt aufgenommen hatte, um dem neuen Mitarbeiter eine Woche vor Beginn die Details seines ersten Arbeitstages mitzuteilen. Seitdem habe man auch nichts mehr gehört. Sie hätten heute Morgen dann versucht, ihn telefonisch zu erreichen, was erfolglos blieb. Hanno ist verwundert. Liegt ein großes Missverständnis vor oder hat der Kandidat seine neue Stelle einfach nicht angetreten? So was hätte es früher niemals gegeben!

Das Onboarding von neuen Mitarbeitenden beginnt nicht erst an deren erstem Arbeitstag. Onboarding ist so viel mehr als der erste Arbeitstag. Richtig genutzt ist es die Phase im gesamten Employee Lifecycle, in der jemand am sichtbarsten von der Unterstützung seines (neuen) Arbeitgebers profitiert. Eine ungenügende Einarbeitung kann schon kurz nach Aufnahme einer Tätigkeit zu Misserfolgen und Demotivation führen und beim Beschäftigten den Eindruck erwecken, dass sein neuer Arbeitgeber unorganisiert ist und ihm keine Wertschätzung entgegenbringt. Es ist die Phase, in der die Weichen dafür gestellt werden, dass ein New Joiner, der in eine Organisation eintritt, im Betrieb mittel- und langfristig einen erfolgreichen Beitrag leisten kann und zufrieden mit seinem Arbeitgeber ist. Der erste Eindruck ist manchmal der entscheidende und dieser wird im Onboarding erworben. Onboarding ist das

Bindeglied zwischen erfolgreichem Recruiting und langfristiger Mitarbeiterbindung, in dem ein stabiles Fundament für die Zusammenarbeit gelegt werden sollte.

> *Onboarding* beschreibt die Art und Weise, wie Mitarbeitende in einem neuen Unternehmen eingearbeitet werden und mit den Zielen, Werten, Regeln, Richtlinien und Prozessen eines Unternehmens vertraut gemacht werden. Die Einarbeitung prägt für die Mitarbeitenden stark den Eindruck der Unternehmenskultur. Der gesamte Einarbeitungsprozess kann bis zu einem halben Jahr dauern und beinhaltet standardisierte Abläufe und vorab definierte Meilensteine.

Ein strategisches Onboarding ist eine Investition – eine Art Vorschuss in die Mitarbeitenden –, bevor diese überhaupt ein fester Bestandteil des Unternehmens sind. Viele Vorteile sind auf individueller und kollektiver Ebene mit einer strategischen Einarbeitung verbunden. Ein guter Einarbeitungsprozess steigert die Arbeitszufriedenheit und die Loyalität zum Arbeitgeber und er baut Unsicherheiten ab. Mitarbeitende fühlen sich dazu befähigt, schnell Verantwortung zu übernehmen. Wichtige Netzwerke im Unternehmen entstehen oft in den ersten Tagen und Wochen, wenn einem im Rahmen der Einarbeitung aktiv neue Kolleginnen und Kollegen vorgestellt werden. Onboarding beginnt nicht erst am ersten Arbeitstag, sondern schon im Bewerbungsprozess und spätestens direkt nach der Zusage und noch vor der Vertragsunterschrift.

Ohne eine klare Onboarding-Strategie, ohne Standards und klare Ansprechpartner verliert das Unternehmen viel Potenzial für einen reibungslosen Start des New Joiners, aber auch für dessen langfristige Bindung. Funktioniert die Integration eines oder einer neuen Beschäftigten nicht, dann besteht die Gefahr, dass der oder die Neue das Unternehmen schnell wieder verlässt. Das wiederum ist mit einer erneuten Suche nach einer Arbeitskraft verbunden und verursacht zusätzliche Kosten im Recruiting sowie negative Implikationen für das Employer Branding. Die Attraktivität des Betriebs für andere Talente leidet, wenn bekannt wird, dass viele Neueinstellungen das Unternehmen nach kurzer Zeit wieder verlassen haben. Eins ist sicher: Solche reputationsschädigenden

Inhalte verbreiten sich stets schnell, vor allem, wenn ein Unternehmen in einer kleineren Gemeinde angesiedelt ist.

Welche Ziele sollte man beim Onboarding verfolgen? Einerseits geht es um die Vermittlung von formellen Regularien sowie von fachlichen Standards und andererseits ist der sozio-emotionale Aspekt von großer Bedeutung. Der oder die neue Mitarbeitende soll durch eine wertschätzende Anfangsphase emotional mit dem Unternehmen verbunden werden.

Der Purpose, die Mission und die Vision, die strategischen Ziele der Organisation sowie die Werte und (informellen) Regeln sollen von Beginn an vermittelt werden, damit eine Identifikation mit der neuen Organisation auf Anhieb stattfinden kann. Nicht alle Informationen sind gleichbedeutend wichtig für unterschiedliche Positionen im Betrieb. Beispielsweise sind für einen Mitarbeiter, der eine Werkzeugfräse bedient, andere Informationen wichtig als für eine Mitarbeiterin im Vertrieb, Einkauf oder in der Arbeitsvorbereitung. Onboarding muss im Sinne des New-Work-Gedankens auf die Bedürfnisse der neuen Mitarbeitenden eingehen. Ein auf die Mitarbeitenden und ihr Team abgestimmter Einarbeitungsprozess ermöglicht, dass bei Mitarbeitenden das Gefühl von *Selbstverantwortung* entsteht, sie sich im Betrieb *entwickeln* wollen und sie einen *Sinn* in der neuen Tätigkeit finden.

Häufig scheitern Betriebe daran, dass sie während der Einarbeitung von neuen Mitarbeitenden die Bedürfnisse der Organisation (Leistungsfähigkeit und operativer Outcome) zu stark in den Fokus stellen. In manchen Betrieben führt dies dazu, dass Mitarbeitende in ihren ersten Tagen und Wochen mit zu vielen und zu komplexen Informationen überfordert werden. In anderen hingegen dazu, dass zu wenige Informationen vermittelt werden, sodass Mitarbeitende zunächst auf sich allein gestellt sind und nicht richtig auf ihre Arbeitsaufgabe im Unternehmen vorbereitet werden. Es gilt, die richtige Balance zu finden. Doch wie kann es gelingen, im eng getakteten Produktionsalltag die Bedürfnisse der neuen Mitarbeitenden durch ein attraktives und strategisch wertvolles Onboarding zu treffen? Diesem Komplex wollen wir uns im Folgenden nähern.

Gute Planung ist alles: Eine Onboarding Journey gestalten

Von einem KMU wird implizit erwartet, dass die Unternehmenskultur – anders als bei einem Großkonzern – sehr viel persönlicher ist. Diese familiäre Nähe kann ein entscheidendes Kriterium dafür sein, warum Blue-Collar-Mitarbeitende sich für einen neuen Arbeitgeber in der industriellen Fertigung entscheiden. Sie treffen einen bewussten Entschluss, um nicht nur eine anonyme Mitarbeiternummer in einer Matrixorganisation zu sein. Sie wollen Teil von etwas werden, mit dem sie sich identifizieren, wo sie sich weiterentwickeln können und wo sie als Individuum gesehen werden. Im aktuellen Wettbewerb um Fachkräfte muss ein KMU diesen Vorteil im Onboarding-Prozess für sich nutzen. Während des gesamten Onboardings überprüft ein New Joiner, ob die eigenen Vorstellungen mit denen im Einstellungsprozess wahrgenommenen und den tatsächlich im Betriebsalltag gelebten Werten übereinstimmen. Wie wertschätzend ist die Zusammenarbeit wirklich? Wie gehen Führungskräfte mit Mitarbeitenden um? Welche wichtigen Prozesse gibt es? Wen kann ich um Unterstützung bitten? All diese Fragen wird sich ein neues Teammitglied in den ersten Wochen und Monaten im Betrieb stellen. Die Phasen, die Beschäftigte dabei durchlaufen, lassen sich wie in der folgenden Abbildung zusammenfassen.

Tool 14

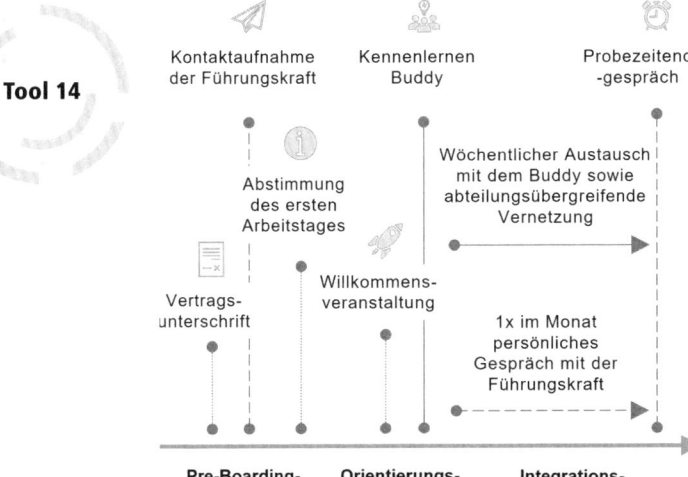

Schematische Darstellung der drei Phasen im Onboarding

Phase 1: Pre-Boarding

Mit Vertragsunterschrift beginnt die Pre-Boarding-Phase von neuen Mitarbeitenden. Das Beispiel am Anfang des Kapitels verdeutlicht: Der Kontakt zu neuen Beschäftigten sollte auf keinen Fall zwischen Vertragsunterzeichnung und dem ersten Arbeitstag abreißen. Vor allem dann nicht, wenn zwischen beiden Ereignissen mehrere Wochen, wenn nicht gar Monate liegen. Nach der Onboarding-Studie von Haufe aus dem Jahr 2023 haben es bereits mehr als ein Drittel der Unternehmen erlebt, dass Mitarbeitende noch vor dem ersten Arbeitstag wieder kündigen. Solche sogenannten »No-shows«, also unangekündigtes Nichterscheinen am Arbeitsplatz, sind ein teures Problem: Der Einstellungsprozess muss beendet und die Stelle neu ausgeschrieben werden. Der gesamte Recruiting-Zyklus startet von vorne und neue Bewerbungsgespräche sind zu führen. Hinzu kommen die Kosten für das Onboarding des oder der neuen Mitarbeitenden und die Ausfallkosten für die Zeit, in der die Stelle nicht besetzt ist. Durch die Kündigung eines/einer Mitarbeitenden vor Vertragsunterschrift kommt schnell eine beachtliche Summe zusammen. Es lohnt sich daher, auch aus wirtschaftlicher Notwendigkeit heraus eine emotionale Beziehung zu neuen Mitarbeitenden aufzubauen.

Insbesondere bei Blue-Collar-Beschäftigten kann man davon ausgehen, dass sie mehr als eine Option für einen potenziellen neuen Arbeitgeber haben und womöglich auch nach Vertragsabschluss noch ein Angebot von einem anderen Betrieb bekommen. Deshalb lohnt es sich, bei dieser Personengruppe während der gesamten Pre-Boarding-Phase ein hohes Maß an Kommunikation und Offenheit für jegliche Fragen und Unterstützung zu signalisieren. Die frühzeitige Einbindung neuer Teammitglieder und das Teilen von relevanter Information bauen Unsicherheiten ab und führen dazu, dass von Beginn an Vertrauen zum Arbeitgeber aufgebaut werden kann.

Es entsteht ein Gefühl der Wertschätzung und die emotionale Bindung zum Betrieb wird gestärkt. Doch wie können Betriebe verhindern, dass sich ein Kandidat oder eine Kandidatin doch noch einmal umentscheidet? Es gibt einige klare Standards, die auf jeden Fall eingehalten werden sollten:

- *Intern klare Verantwortlichkeiten definieren.* Onboarding ist Teamsport, hier arbeiten Personalbereich und zukünftige Abteilung bzw. Führungskraft eng abgestimmt miteinander zusammen. Beide Parteien sollten schon vor Arbeitsbeginn Kontakt zum New Joiner aufnehmen. Die Kandidatin hat zugesagt? Super, nun sollte ihre zukünftige Führungskraft eine wertschätzende Mail schreiben und die neue Kollegin willkommen heißen. Der Vertrag wurde unterzeichnet? Nun gilt es, dass sich die Personalabteilung schnell meldet und der Kandidatin mitteilt, welche weiteren Prozessschritte im administrativen Onboarding noch vorgenommen werden müssen. So ergibt sich in der gesamten Phase des Pre-Boardings eine klar vorgegebene Kommunikationsrichtlinie, die die Kandidatin sowohl auf inhaltlicher als auch auf emotionaler Ebene abholt.

- *Kontakt zum New Joiner aufrechterhalten.* Neue Teammitglieder fühlen sich durch den frühzeitigen Zugang zu Informationen über das Unternehmen oder die Position wertgeschätzt. Alle wichtigen Informationen sollten vor dem ersten Arbeitstag von der Personalabteilung versendet und Ansprechpartner benannt werden, die auch kurzfristig bei Fragen erreichbar sind. Zusätzlich zu den Informationen, die die Personalabteilung bereitstellt, helfen eine kurze Mail vom direkten Vorgesetzten über den Stand des Einarbeitungsplans oder die frühzeitige Einbeziehung in den Verteiler von allgemeinen E-Mail-Newslettern dem Kandidaten oder der Kandidatin, sich sicher zu fühlen und bereits ein Zugehörigkeitsgefühl zum Unternehmen aufzubauen. Findet in der Zeit, bevor der oder die Mitarbeitende startet, eine wichtige Firmenveranstaltung statt wie ein Team-Event, ein Sommerfest oder eine Mitarbeiterinformationsveranstaltung? Auch hier lohnt es sich, wenn der neue Kollege oder die neue Kollegin schon einmal dazu eingeladen wird.

Es zahlt sich aus, intern das Standardvorgehen in einer Checkliste festzulegen, damit die Kommunikation und die Verantwortlichkeiten vor dem ersten Arbeitstag eines neuen Mitarbeitenden für alle Beteiligten klar sind.

Tool 15

Personalabteilung	Führungskraft
☐ Direkt nach der Vertragsunterzeichnung: Versand eines kleinen Willkommenspakets (z. B. mit Merchandise und einem Willkommensbrief von Geschäftsführung oder Werksleitung) zum/zur Mitarbeitenden nach Hause *Wichtig:* Es sollte eine Ansprechperson genannt werden, bei der sich neue Mitarbeitende bei Fragen oder Unsicherheiten melden können.	☐ Versand einer Mail durch die direkte Führungskraft mit der Botschaft, dass alles für den ersten Tag vorbereitet ist und man sich auf den Start des/der neuen Mitarbeitenden freut. Die Mail kann ebenfalls eine Liste wichtiger Ansprechpersonen und ggf. ein Foto oder Organigramm des neuen Teams und der Führungskräfte enthalten.
☐ Ein bis zwei Wochen vor Beginn: Mail mit generellen Hintergrundinformationen, Historie und aktueller Vision	
☐ Eine Woche vor Arbeitsbeginn: Kontaktaufnahme (E-Mail oder Telefonanruf) mit allen wichtigen Infos für den ersten Tag: ■ Details zu Anreise/Parken/ Empfang am ersten Tag ■ Gegebenenfalls Dresscode ■ Unterlagen, die noch benötigt werden	☐ Ein paar Tage vor dem ersten Arbeitstag können Führungskraft oder Onboarding-Buddy sicherstellen, dass keine Fragen mehr offen sind.

Checkliste vor dem ersten Arbeitstag

- *Arbeitsmittel vorbereiten.* Nichts zeigt weniger Wertschätzung als ein vermeintlich ungeplanter und unvorbereiteter erster Arbeitstag. Wer beispielsweise an seinem ersten Arbeitstag keine vorbereiteten Arbeitsmittel (z. B. Zugangskarte, Arbeitskleidung, persönliche Schutzausrüstung, IT-Zugänge) erhält, dem wird auf mehreren Ebenen das Gefühl vermittelt, dass der neue Arbeitgeber gar nicht auf ihn vorbereitet ist. Etwas, das es unbedingt zu verhindern gilt. Eine unangenehme Situation sowohl für die neuen Mitarbeitenden, die sich wenig willkommen und wertgeschätzt fühlen, als auch für das Unternehmen, das genau das Gegenteil vermitteln sollte. Um diese Situation zu vermeiden, sollte bereits in der Pre-Boarding-Phase alles mithilfe von standardisierten Checklisten vorbereitet und von der verantwortlichen Person kontrolliert werden.

Tool 16

Checkliste	
☐	Startdatum sowie Uhrzeit sind mit neuem Teammitglied und Führungskraft abgestimmt.
☐	Führungskräfte und Team sind über das neue Teammitglied informiert.
☐	Der Zugang zur Betriebsstätte ist sichergestellt.
☐	IT ist bestellt.
☐	Sicherheitsschuhe und weiteres Equipment sind bestellt.
☐	Das neue Teammitglied ist zu allen relevanten Schulungen angemeldet.
☐	Alle Einstellungspapiere (z. B. zur Anmeldung der Lohnabrechnung) sind vorbereitet.

Checkliste für den ersten Arbeitstag

- *Einarbeitung planen.* Im Idealfall hat jede Abteilung eine standardisierte Vorlage, mit der sie eigenständig und individuell einen Einarbeitungsplan erstellt. Er sollte beinhalten, *was* ein neues Teammitglied *wann* kennenlernen sollte. Somit ist für das ganze Unternehmen ein klarer Standard der Onboarding Journey vorgegeben, was ein gehobenes Level an Professionalität widerspiegelt. Es gibt Standardveranstaltungen wie etwa eine Sicherheitsunterweisung, an denen alle neuen Mitarbeitenden verpflichtend teilnehmen müssen. Darüber hinaus ist es sinnvoll, sich die Frage zu stellen, welche Kontakte und Informationen für eine bestimmte Rolle wichtig sind. Als Basis zum Erstellen eines Onboarding-Plans kann die Stellenbeschreibung dienen. Grundsätzlich empfehlen wir für alle Mitarbeitenden, die neu in einen Job starten, und unabhängig von der Position die Ausarbeitung eines 30-60-90-Tage-Plans. Dieser Plan gibt die Meilensteine für die ersten drei Monate im Unternehmen vor und teilt sich in fachliche, aber auch nicht-fachliche Inputs auf. Der Plan wird der neuen Mitarbeiterin oder dem neuen Mitarbeiter am ersten Tag unterbreitet, damit klar ist, was sie oder ihn in den ersten Wochen erwartet und vor allem auch, was von ihr oder ihm erwartet wird. Meilensteine helfen, das Onboarding gezielt zu steuern. Im Rahmen eines solchen Plans werden auch die unterschiedlichen Stakeholder integriert, die neue Mitarbeitende in den ersten Monaten kennenlernen wollen. Idealerweise wird dieser Plan ausgedruckt, sodass er stets zur Hand ist.

Was ist zu tun, wenn es doch zu einer Kündigung vor dem ersten Arbeitstag kommt? Zuallererst sollte man um Feedback bitten. Die Gründe dafür, seinen Arbeitsvertrag noch vor dem ersten Arbeitstag wieder zu kündigen, können vielfältig sein. Die einfachste Möglichkeit, diese Gründe zu identifizieren, ist die direkte Nachfrage. Gibt es etwas, was das Unternehmen hätte besser machen können oder was zu Missverständnissen geführt hat? Das erhaltene Feedback sollte im Unternehmen dazu genutzt werden, die neue Stellenausschreibung und die Kommunikation mit zukünftigen Kandidaten und Kandidatinnen für die Stelle noch präziser zu gestalten. Aus solchen Situationen kann man die größten Erkenntnisse für die Weiterentwicklung des Employee Lifecycles gewinnen.

Phase 2: Orientierungsphase
Die Orientierungsphase ist das Herzstück eines gelungenen Einarbeitungsprozesses im Betrieb und beginnt für neue Mitarbeitende mit dem ersten Arbeitstag. Die Erfahrungen, die ein Mitarbeiter oder eine Mitarbeiterin in dieser Phase sammelt, haben mit den größten Einfluss da-

rauf, wie gut er oder sie sich im Betrieb integrieren wird. Beschäftigte brauchen ungefähr 90 Tage, um sich selbst in einem neuen Job zu beweisen. In diesen drei Monaten ist die Unterstützung bei der fachlichen Einarbeitung und bei der Sozialisation im Betrieb von entscheidender Bedeutung, um sich selbstwirksam zu fühlen. Das übergeordnete Ziel für die Planung der Orientierungsphase ist, den neuen Mitarbeitenden die richtige Menge an Unterstützung und Information zum richtigen Zeitpunkt zu vermitteln. Wenn Mitarbeitende ab Tag eins ins kalte Wasser geworfen werden, löst dies eine Überforderung aus und lähmt automatisch die betrieblichen Abläufe. Mitarbeitende verbringen viel Zeit damit, sich selbst Wissen anzueignen und sich mit der Organisation vertraut zu machen. Die Effektivität und Effizienz der gesamten Organisation leiden. Damit genau das vermieden wird, sollten durch ein strategisches Onboarding die folgenden Bereiche mitbedacht werden:[9]

1. »Compliance« – Regeln und Richtlinien
2. »Clarification« – Rollenklarheit
3. »Culture« – Unternehmenskultur
4. »Connection« – Netzwerke

Zum Beispiel sind Regeln und Richtlinien für die tägliche Zusammenarbeit in einem Betrieb unerlässlich. Sie legen fest, welche Verhaltensweisen gewollt sind und welche nicht akzeptiert werden, beispielsweise durch rechtliche Anforderungen, den Code of Conduct, also das Werteleitbild, oder durch ein Belohnungsprogramm. Für Mitarbeitende ist dieses Wissen von größter Bedeutung, um sich am neuen Arbeitsplatz zurechtzufinden. Während in etlichen Betrieben dieser Bereich bereits ein fester Bestandteil der Einarbeitung ist, herrscht in den anderen drei Bereichen oft noch Nachholbedarf. Was könnte ein Betrieb hier den neuen Mitarbeitenden anbieten? Wir wollen den Fokus auf zwei verschiedene Aspekte legen: Buddy-System und Feedbackkultur.

Buddys for life? Zumindest für den Anfang der neuen Arbeit
Ein Buddy-Programm, in dem ein Kollege oder eine Kollegin für den ersten Zeitraum als feste Ansprechperson festgelegt wird, macht in der Einarbeitung neuer Mitarbeitender einen entscheidenden Unterschied. Ein »Buddy« ist jemand aus demselben Team und idealerweise auch

auf derselben Hierarchieebene wie der New Joiner. Er ist dafür verantwortlich, das Onboarding auf verschiedene Art und Weise zu unterstützen. Ein Buddy kann Informationen über die spezifischen Aufgaben der jeweiligen Rolle vermitteln und gleichzeitig einen Einblick in die Unternehmenskultur geben. Er hilft dabei, Hemmnisse und Unsicherheiten abzubauen, indem er Antworten auf Fragen gibt, die man einer Führungskraft eher nicht stellen würde. Etwa: *Was sind die geschriebenen und ungeschriebenen Regeln in einem Betrieb? Gibt es Eigenheiten im Betrieb, die man in keiner Schulung lernt, oder bestimmte Dynamiken, die man kennen sollte?* Die Aufgabe des Buddys ist, die ungeschriebenen Gesetze im Unternehmen sichtbar zu machen und sie dem oder der Neuen zu erklären.

Tool 17

Ein paar Punkte sind bei der Implementierung eines Buddy-Programms zu beachten:

- Die Erwartungen und Aufgaben an einen Buddy müssen im Unternehmen klar kommuniziert sein. Eine kurze Zusammenfassung, beispielsweise im Intranet, kann dabei helfen.
- Ein Buddy begleitet einen neuen Mitarbeiter oder eine neue Mitarbeiterin über die ersten Arbeitswochen hinaus, idealerweise mindestens drei Monate.
- Je früher sich Buddy und New Joiner persönlich kennenlernen, desto besser. Das erste Kennenlernen sollte am ersten Arbeitstag stattfinden, spätestens jedoch in der ersten Arbeitswoche.
- Ein Buddy sollte kollegiale Unterstützung bieten. Es sollte daher kein Vorgesetzter ausgewählt werden. Idealerweise haben beide denselben direkten Vorgesetzten.
- Buddys sollten nicht in die offizielle Leistungsbeurteilung eines neuen Kollegen oder einer neuen Kollegin einbezogen werden.

Vorhandene Mitarbeitende profitieren ebenfalls davon, einen neuen Beschäftigten oder eine neue Beschäftigte in der Einarbeitung zu begleiten. Durch ihr Engagement als Buddy entwickeln sie ihre Kommunikations- und Führungskompetenzen und haben die Möglichkeit, bestehende Prozesse und Strukturen zu hinterfragen, um Verbesserungspotenziale zu identifizieren.

Um die zeitlichen Ressourcen des Onboarding-Buddys nicht überzustrapazieren und vielfältige Einblicke in den Betrieb zu geben, empfiehlt es sich, dass der Buddy den New Joiner mit weiteren Kolleginnen und Kollegen vernetzt und diese so in die Einarbeitung mit einbindet. Kolleginnen und Kollegen können fachliche, aber vor allem informelle Lücken schließen, die durch die fehlende Erfahrung des oder der Neuen vorhanden sind. In Organisationen gibt es viel informelles Wissen, also Kenntnisse, Erfahrungen und Vorgehensweisen, die man in keinen Arbeitsanweisungen oder Best-Practice-Beispielen findet. New Joiner sind darauf angewiesen, diese Dinge von ihren Kolleginnen und Kollegen zu lernen und sich ein eigenes Netzwerk im Unternehmen aufzubauen.

Informelles Wissen wird in einem Betrieb nicht bewusst thematisiert oder gelehrt. Dabei handelt es sich um Wissen, das spontan durch Erfahrung oder die Interaktion mit anderen Menschen erlernt wird. Es umfasst die Art und Weise, wie Menschen in einer Organisation miteinander sprechen (beispielsweise betriebsinterne Abkürzungen), die Interpretation von Informationen oder das Vorherrschen von bestimmten unausgesprochenen Regeln (z. B., wenn bestimmte Wege zu bestimmten Zeiten gemeinsam gegangen werden).

Feedback als integraler Bestandteil einer erfolgreichen Einarbeitung
Vorgesetzte spielen eine entscheidende Rolle während des Onboardings. Laut einer Studie von Xing aus dem Jahr 2023 ist die Führungskraft der Grund, warum mehr als ein Drittel der befragten Mitarbeitenden schon während der Probezeit kündigen. Gerade in der Anfangszeit hilft die persönliche Kommunikation zwischen Mitarbeitenden und Führungskraft, um Unsicherheit zu vermeiden und ein konkretes Bild von den Erwartungen beider Seiten zu bekommen. Studien zeigen, dass die Bindung zum Unternehmen prägnant gesteigert wird, wenn neue Mit-

arbeitende innerhalb der ersten Woche ein wertschätzendes Treffen mit ihrer Führungskraft haben. Allein durch dieses eine Treffen steigt die Absicht von Mitarbeitenden, im Unternehmen zu bleiben, um 8 %. Die Zusammenarbeit mit den Kolleginnen und Kollegen wird besser wahrgenommen und das Gefühl der Zugehörigkeit zum Unternehmen wird größer. Das kleine zeitliche Investment eines Termins zwischen Führungskraft und Arbeitnehmer oder Arbeitnehmerin ist also ein nicht zu unterschätzender Hebel für ein erfolgreiches Onboarding.[10]

Eine standardisierte Struktur kann helfen, um die Konsistenz der Gespräche zu fördern und zu verhindern, dass sie mal eben so nebenbei geführt werden. Der Einarbeitungsplan sollte daher neben dem Probezeitendgespräch weitere regelmäßige Meetings beinhalten, beispielsweise im 30-Tage-Rhythmus. Was sollte Thema in den Meetings sein?

Die Führungskraft sollte die übergeordnete Vision und konkrete Ziele des Betriebes vermitteln. Gibt es gerade ein Gebiet, das Priorität hat, weil zum Beispiel der Backlog, also der Auftragsrückstand, in einem bestimmten Bereich sehr hoch ist? Hier sollte klar kommuniziert werden, was das für die Abteilung bedeutet und welche Prioritäten daraus für das tägliche Tun entstehen. Die Führungskraft sollte klare Prioritäten für die Arbeit des oder der neuen Mitarbeitenden festlegen und zeigen, wie diese der Organisation hilft, bestimmte Ziele zu erreichen. Diese regelmäßige Kommunikation ermutigt die Mitarbeitenden, sich aktiv in den Produktionsalltag einzubringen. Wenn Führungskräfte es schaffen, in den ersten drei bis sechs Monaten regelmäßige Meetings mit neuen Teammitgliedern zu terminieren, werden die emotionalen Bedürfnisse nach Sicherheit und Selbstvertrauen gestärkt.

Phase 3: Integrationsphase
In der letzten Phase der Einarbeitung werden die Mitarbeitenden in den laufenden Betrieb der Organisation integriert. Sie werden zu Insidern der Organisation. Am Ende dieser Phase sollte der oder die Mitarbeitende seine bzw. ihre Rolle im Unternehmen gefunden haben und die Arbeitsaufgabe vollkommen eigenständig ausführen können. Die Onboarding-Aktivitäten in den Monaten drei bis sechs zielen darauf ab, dass Mitarbeitende in die Lage versetzt werden, das von der Organisa-

tion erwünschte Verhalten zu zeigen und sich mit dem Betrieb und dem Team zu identifizieren.

Nur zu häufig werden Erwartungen an neue Beschäftigte gestellt, denen sie im Grunde gar nicht gerecht werden können. Einem Team wird ein neuer Kollege angekündigt, der perfekt auf die Stelle passt. Es wird gesagt, dass er eine bestimmte Rolle im Unternehmen einnehmen wird, die mit der Erledigung von (fachlichen) Aufgaben verbunden ist. Sind die Erwartungen zu hoch oder lassen sie sich nicht im vereinbarten Zeitraum erreichen, sorgt das für eine sinkende Motivation und Leistungsbereitschaft bei neuen Mitarbeitenden und ihrem Team.

Dies wird besonders deutlich in dem Fall, dass Quereinsteiger angeworben werden, die die benötigte Fachlichkeit im Unternehmen erst noch erwerben müssen, damit sie voll einsatzfähig sind. Wie in Abschnitt 3.2 beschrieben, kann es Sinn ergeben, für bestimmte Tätigkeiten Personen einzustellen, die die fachlichen Kriterien noch nicht (ganz) erfüllen, aber das richtige Mindset mitbringen, um beispielsweise das Bedienen oder Überwachen einer bestimmten Maschine zu erlernen. Für diese Mitarbeitenden und die Teams, in denen sie arbeiten, spielt die Onboarding-Phase eine bedeutende Rolle. Wenn das entsprechende (Fach-)Wissen nicht oder unzureichend vermittelt wird, ist das Frustrationspotenzial auf allen Seiten hoch. Daher ist es wichtig, dass fachliche Lücken bereits im Einstellungsprozess transparent gemacht werden, damit entsprechende Schulungen schon in der Pre-Boarding-Phase geplant werden und keine unrealistischen und nicht erfüllbaren Erwartungen geweckt werden.

Da es bei der Einarbeitung bereits um die Entfaltung von persönlichen und fachlichen Kompetenzen geht, ist der Übergang zur Development-Phase des Employee Lifecycles häufig ein stufenloser Prozess. Der oder die Mitarbeitende profitiert weiter von der Unterstützung des Arbeitgebers, der Fokus wird nur ein anderer und die persönliche und berufliche Weiterentwicklung rückt ins Zentrum des Employee Lifecycles.

Tool 18

Last but not least: You can't change what you don't measure: Mini-Survey

Es ist hilfreich, eine kurze Onlineumfrage (ca. 5 Minuten) zu entwickeln, an der neue Teammitglieder im Abstand von 30, 90 und 180 Tagen teilnehmen können. Durch das Feedback der Mitarbeitenden erhalten Unternehmen wichtige Hinweise darauf, wie die Einarbeitung insgesamt oder bestimmte Teilbereiche (etwa Unterstützung durch die Führungskraft) wahrgenommen werden und ob es Bereiche gibt, in denen noch Nachbesserungsbedarf besteht. Die Ergebnisse können zudem dazu genutzt werden, bei der Einführung neuer Maßnahmen, wie dem Buddy-Programm, zu überprüfen, wie wirksam sie sind. Es gibt viele einfache Onlinetools, mit denen sich Umfragen generieren lassen. Hier kann man mithilfe von QR-Codes, die zur Umfrage verlinken, sicherstellen, dass auch Blue-Collar-Mitarbeitende ohne E-Mail-Zugang mit ihrem privaten Mobiltelefon ohne technische Hürden an der Umfrage teilnehmen können.

Unser Fazit

Der Betrieb sollte neuen Teammitgliedern während des gesamten Einarbeitungsprozesses das Gefühl vermitteln, dass sie in den Produktionsalltag einbezogen, gefördert und wertgeschätzt werden. Es ist der persönliche Blick auf die Bedürfnisse des und der Einzelnen, der die Wahrnehmung von neuen Mitarbeitenden bezüglich der Organisation positiv oder auch negativ beeinflusst. Die Argumentation, dass für eine professionell organisierte Einarbeitung das Budget oder zeitliche Ressourcen fehlen, kann man sich heute in einem von Fachkräftemangel geprägten Arbeitsmarkt nicht mehr leisten. Die einfache Formel lautet: Je besser das Onboarding, desto schneller können sich Mitarbeitende selbstwirksam und produktiv entfalten. Dazu braucht es eine menschenzentrierte Einarbeitung.

Beim Onboarding neuer Mitarbeitender gilt: Oft sind es die Kleinigkeiten, die Sicherheit und Selbstvertrauen geben. Die kontinuierliche und persönliche Unterstützung mit Blick auf die individuellen Bedürfnisse und Wünsche eines oder einer Mitarbeitenden ist der Schlüssel zum Erfolg.

3.4 Phase 4: Development – das wichtigste Investment: Die Entwicklung der eigenen Belegschaft

»Ich war gestern Abend beim Branchenverband, da reden alle über ›Re- und Up-Skilling‹ der Mitarbeitenden. Hast Du das schon mal gehört?«, fragt der Geschäftsführer seinen Personaler. »Ach ja, das ist der neuste Trend. Man muss jetzt wohl die Fähigkeiten der Mitarbeitenden ausbauen und nennt das dann so. In Englisch klingt es wohl wichtiger.« Beide lachen und schauen sich an. So was brauchen sie nicht, da sind sie sich sicher. Der Betrieb besteht seit 150 Jahren und die Schulungen, die für Führungskräfte angeboten werden und die sich auf die Sicherheit in den Werken beziehen, haben doch bis jetzt immer gereicht. Wieso sollte man denn einen Fließbandarbeiter entwickeln? Wohin denn? Der weiß doch alles, was er wissen muss. Nein, diesen Trend macht die Firma nicht mit. »Das ist bestimmt auch sehr teuer, oder?«, fragt der Geschäftsführer sicherheitshalber nach. »Ich denke ja. Wir kriegen das intern nicht abgebildet. Wir haben schon viel zu viel mit der Payroll diesen Monat zu tun.« »Gut«, denkt sich der Geschäftsführer, »das klingt jetzt nicht so, als müssten wir was ändern. Außerdem kann sich die Firma gerade keinen neuen Kostenpunkt leisten. Dann machen wir mal weiter wie bisher. Man muss ja nicht jedem Trend folgen.«

Um den vielfältigen Anforderungen der Zukunft gewachsen zu sein, ist es ratsam, dass Unternehmen in ihre Mitarbeitenden investieren. Damit ist nicht nur ein attraktives Vergütungspaket gemeint, sondern vor allem die Investition in die Beschäftigten selbst. Es ist gewagt, wie hier im Beispiel, Mitarbeiterentwicklung als einen Trend zu sehen. Zumindest sind wir überzeugt davon, dass dieser Trend gekommen ist, um zu bleiben. Weiterentwicklung ist nicht nur auf der Individualebene gefordert, sondern auch essenziell für den Fortbestand eines Unternehmens. Die Investition in die Lernfähigkeit der Organisation ist eine Win-win-Strategie für Unternehmen und Mitarbeitende, da sie alle Formen von Innovation im Betrieb fördert, die im Zusammenhang mit einer größeren Widerstandsfähigkeit im Arbeitsmarkt stehen. Die Lernfähigkeit einer Organisation ist zu einer entscheidenden Bezugsgröße für Unternehmen geworden. Sie steht im direkten Zusammenhang mit Maßnahmen, Denkweisen und Investitionen wie Ausbildungsmöglichkeiten, Autonomieempfinden von Mitarbeitenden, unterstützendem Führungsstil und Mitarbeiterpartizipation. Kontinuierliches Lernen erleichtert Anpassung und kosteneffizienten Wettbewerb eines Betriebes und ist ein entscheidender Teil des Innovationsprozesses.[11]

Eine lernende und sich anpassende Organisation ist von der Weiterentwicklung der eigenen Mitarbeitenden abhängig. Doch wie funktioniert dies in der Praxis? Gerade die Produktion mit ihren Beschäftigten wird in Sachen Weiterentwicklung oft vergessen. Während es für White-Collar-Angestellte viele Angebote und Möglichkeiten zur fachlichen und persönlichen Entwicklung gibt, sieht es bei Blue-Collar-Mitarbeitenden oft ganz anders aus. Woran liegt das? Sicherlich einerseits an den organisatorischen Rahmenbedingungen ihrer Arbeit: Mitarbeitende, die meistens am PC sitzen, können einfach und schnell online Trainings absolvieren. Diese Branche boomt, gerade die Coronapandemie hat hier als Katalysator gewirkt. Zu nahezu jedem Thema ist es möglich, sich in kurzen Lerneinheiten online weiterzubilden. Es ist nicht zeitkritisch, kann während der Arbeitszeit absolviert werden und neue Formate sichern den Lernerfolg auch langfristig ab. Andererseits wurden Programme und Trainings oft eben nur für White-Collar-Mitarbeitende konzipiert. Eine Arbeitnehmerschaft, die sich häufig durch ein Studium für ihre Position qualifiziert hat, wird anders angesprochen als solche Beschäftigte, die eine Ausbildung gemacht haben. Der dritte und sicherlich wichtigste Aspekt ist die Macht der Gewohnheit. Produktionsmitarbeitende arbeiten in einem fest vorgelegten Rahmen. Dieser ist repetitiv und erfordert nicht viel Innovation. Produktion wird sehr genau an Output und Produktivität gemessen. Wenn ein Mitarbeiter nun einige Zeit in der Woche in einer Weiterentwicklungsmaßnahme verbringt, kann er den Output nicht mehr positiv beeinflussen und die Wertschöpfungskette droht auseinanderzubrechen.

Daher hat man sich unserer Meinung nach zu wenig auf die Weiterentwicklung dieser sehr wichtigen Gruppe an Mitarbeitenden fokussiert. Ein grober Fehler, denn dieser Teil von Beschäftigten ist die tragende Säule eines jeden Produktionsbetriebs. Weiterentwicklung ist für jedes Individuum in einer Organisation relevant.

Auf dem Weg zu einer menschenzentrierten Produktion ist eine lernende Organisation auf neugierige und engagierte Mitarbeitende angewiesen, die motiviert sind, sich persönlich und beruflich weiterzuentwickeln.

Wie schon beschrieben, haben vor allem die jungen Generationen Y, Z und Alpha auf dem Arbeitsmarkt ein riesiges Interesse an Weiterentwicklung. Sie streben danach, Neues zu lernen, ihre Fähigkeiten auszubauen und sich stets zu entwickeln. Dies gilt auch für Mitarbeitende in der Produktion. Daher ist es eine Win-win-Situation für ein Unternehmen, wenn es in Weiterentwicklung investiert. Alle profitieren davon und auch die Retention (die wir im folgenden Abschnitt 3.5 näher betrachten) wird positiv von einer holistischen Lernarchitektur beeinflusst.

Wie wichtig die Entwicklung von Mitarbeitenden ist, wird deutlich, wenn wir einen Blick auf den Arbeitsmarkt werfen. Prognosen des Bundesministeriums für Arbeit und Soziales zufolge wird sich die Bevölkerung im erwerbsfähigen Alter bis 2040 insgesamt um 2,9 Millionen Menschen reduzieren. Zwar werden von 2021 bis 2040 4,13 Millionen neue Arbeitsplätze entstehen, gleichzeitig werden auch 4,27 Millionen der derzeitigen Arbeitsplätze wegfallen. So wird dem verarbeitenden Gewerbe ein Rückgang von 900.000 Arbeitskräften prognostiziert, wovon allein auf die Automobilindustrie 170.000 Arbeitsplätze entfallen sollen. Auch, weil schlicht die Menschen für die entsprechenden Stellen fehlen. Zudem wird durch den demografischen Wandel die Zahl erwerbsloser Menschen insgesamt niedriger.[12] Somit stellt sich für Betriebe die Herausforderung, die richtigen Fachkräfte im Unternehmen zu beschäftigen, immer stärker. Wir können uns nicht mehr darauf verlassen, extern durch gezieltes Anwerben von Mitarbeitenden Wissen ins Unternehmen zu holen. Dabei ist der Aufbau von neuem Wissen besonders wichtig. Aufgrund des technischen, wirtschaftlichen und gesellschaftlichen Wandels werden Mitarbeitende im Unternehmen immer wieder mit neuen, ihnen unbekannten Situationen und Aufgaben konfrontiert.

Die prognostizierte Verschiebung der geforderten fachlichen und nichtfachlichen Fähigkeiten ist so grundlegend, dass sie sich auch in den unternehmensinternen Weiterbildungsprogrammen widerspiegeln muss. Wie nähert man sich diesem komplexen Thema? Durch klare und transparente Strukturen, angefangen mit Karrieremodellen und zugrunde liegenden Kompetenzen. Wir wollen uns diesem Thema im Folgenden nähern.

Transparente Karrierewege in produzierenden Betrieben sind der Schlüssel

In KMUs sind die Karriereoptionen nicht mannigfaltig, es gibt nicht allzu viele Möglichkeiten, sich »nach oben« zu entwickeln. »Karriere zu machen« in der industriellen Fertigung, bedeutet in der Regel, dass man aufsteigt und disziplinarische Führungsverantwortung über andere Mitarbeitende erlangt. Meist setzt sich hier die beste Fachkraft durch. Karriere wird ganz klar als Führungspfad verstanden. »Aufsteigen« ist in diesem Sinne begrenzt, denn in KMUs gibt es allein aufgrund der Größe der jeweiligen Einheit nicht viele Führungsaufgaben und daher nur eingeschränkte Möglichkeiten, Führungsverantwortung zu übernehmen und somit »Karriere zu machen«. Andere Wege wie fachliche oder projektbasierte Führungsmodelle werden meistens nicht eingepreist. Hier zeigt sich Nachholbedarf, denn Beschäftigte erwarten Perspektiven und auch in KMUs kann man diesen Erwartungen gerecht werden. Weiterentwicklung auch im Sinne von Status und Position ist in der Produktion durchaus von Bedeutung. Natürlich möchte nicht jeder »Karriere machen« und eventuell dafür eine Extrameile gehen, aber es gibt dennoch den Bedarf, sich als Unternehmen kritisch zu hinterfragen: Ist mein Angebot an Optionen noch attraktiv genug für die Beschäftigten von heute und morgen? Wenn es hier kein vielfältiges und durchdachtes Angebot gibt, dann sollte sich die Organisation mit dem Aufbau und den Möglichkeiten diverser Karriereoptionen vertraut machen. Menschen arbeiten gerne auf ein Ziel hin. Wenn dieses klar vor ihnen liegt, erreicht man nicht nur ein höheres Engagement, sondern kann auch die Retention (mehr dazu in Abschnitt 3.5) positiv beeinflussen. Wie können solche neuen Karrierewege aussehen?

Wir wollen im Folgenden auf drei unterschiedliche Laufbahnmodelle eingehen, die wir im produzierenden Betrieb für sinnvoll erachten. In der folgenden Tabelle haben wir hier eine entsprechende Übersicht eingefügt. Wir unterscheiden neben der klassischen Managementlaufbahn die Projekt- und die Expertenlaufbahn.

Tool 19

Managementlaufbahn	Projektlaufbahn	Expertenlaufbahn
Mitglied der Geschäftsführung		
Produktionsleitung		
Gruppenleitung	Kompetenzstufe 5: Senior Project Manager	Kompetenzstufe 5: Senior Expert
Stellvertretende Gruppenleitung	Kompetenzstufe 4: Project Manager	Kompetenzstufe 4: Experte / Expertin
Spezialist / -in	Kompetenzstufe 3: Project Assistant Manager	Kompetenzstufe 3: Spezialist / -in
	Kompetenzstufe 2: Project Assistant 2	Kompetenzstufe 2: Referent / -in
	Kompetenzstufe 1: Project Assistant 1	Kompetenzstufe 1: Referent / -in

Überblick über verschiedene Karrierelaufbahnen

Alle drei Karrieremodelle zeichnen sich durch deutlich voneinander abgegrenzte Kompetenzstufen aus. Jede Laufbahn erhält ein klar definiertes Kompetenzmuster, das eine Person vorweisen muss, um auf die nächsthöhere Stufe zu gelangen. Diese Transparenz hilft den Mitarbeitenden, genau einzuschätzen, was sie tun müssen, um sich in einer Laufbahn weiterzuentwickeln, und wie lange sie voraussichtlich brauchen, um die nächste Stufe des Karrierepfades zu erlangen.

Am bekanntesten ist wohl das Beispiel der *Managementlaufbahn*, also der klassische Führungsweg mit disziplinarischer Führung eines Teams. In dieser Laufbahn beginnt man gewöhnlich als Facharbeitskraft (hier Spezialist/-in) und wird im Rahmen von Talentförderung als mögliche Führungskraft identifiziert. Um die Führungsfähigkeiten auszubauen, sollten Mitarbeitende ab diesem Zeitpunkt gezielt geschult und fortgebildet werden. Führen muss man lernen; vor allem in einer menschenzentrierten Umgebung ist dies ein Hard Skill, der nicht nebenbei *on the job*, also neben der eigentlichen Tätigkeit, autodidaktisch erlernt wird. Regelmäßige Feedbackgespräche mit der Führungskraft und 360-Grad-Feedbacks, in denen Beschäftigte von allen Mitarbeitergruppen zielgerichtet Feedback erhalten, sind in diesem Laufbahnmodell besonders essenziell. Nach erfolgreicher Weiterbildung sowie positivem Feedback aus der Organisation steigt die Person dann in der Laufbahn hoch, von der Stellvertretung zur Gruppenleitung.

Als Stellvertreter oder Stellvertreterin hat die Person die Möglichkeit, erste Erfahrungen in der Führung zu sammeln, erstmals beispielsweise Schichten mitzuplanen, Gehaltsverhandlungen oder Personalgespräche zu führen. Hier tauchen Mitarbeitende zum ersten Mal in das Gefühl von Führung ein, stets begleitet von externen und internen Weiterbildungsmaßnahmen. Hier empfiehlt es sich, intern Ausschau nach einem Mentor oder einer Mentorin zu halten. Das ist eine erfahrenere Person im Unternehmen, die sich als Sparringspartner der neuen Führungskraft zur Verfügung stellt, bei Problemen um Rat gefragt werden kann und ihre Erfahrungen mit dem oder der Mentee (der betreuten Person) teilt. Mentoren und Mentorinnen werden stets in fremden Bereichen eingesetzt und haben somit einen objektiven Blick auf die Abteilung und die Arbeit von Mentees.

Wenn diese Phase erfolgreich abgeschlossen ist, dann übernimmt der oder die Mitarbeitende (natürlich je nach Vakanz im Betrieb) die erste eigenverantwortliche Führungsaufgabe. Beschäftigte bekommen so Einblick in die gesamte Value Chain ihres Bereichs, hier lohnt sich also die Weiterbildung auch im Sinne einer betriebswirtschaftlichen Fortbildung. Je größer das Verständnis für den betriebswirtschaftlichen Hintergrund, desto eher kann die neue Führungskraft ihren Bereich optimal steuern. In unserem Beispiel würde diese Person dann nach einigen Jahren erfolgreichen Führens die Produktionsleitung übernehmen. Auch hier gilt: stete und ständige Weiterbildung, Feedbacks und Mentorenarbeit. Wer vorher nur ein kleineres Team geführt hat und nun auf einmal eine so große Führungsspanne übernimmt, dass er nur noch mit Gruppenleitungen agiert, die selbst einzelne Teams führen, der muss begleitet werden.

Am Ende unseres Karrieremodells steht hier als Beispiel die Aufnahme in die Geschäftsleitung. Diese birgt natürlich einige Hürden und Mitarbeitende müssen sich über mehrere Jahre für diesen Schritt beweisen. Hier sollten pro Jahr klare Ziele vorgegeben werden, die mindestens zweimal jährlich in sogenannten Performance Development Reviews zu reflektieren sind. Es geht nicht ausschließlich um die Produktivität, sondern auch um People Analytics, wie zum Beispiel die Kündigungsrate oder die Mitarbeiterzufriedenheit, die in die Analyse einfließen sollten.

Neben der klassischen Managementlaufbahn sehen wir in einem produzierenden Betrieb die *Projektlaufbahn* als Option für Weiterentwicklungsperspektiven. Unserer Erfahrung nach benötigt jedes Unternehmen in Zeiten des Wandels Projektmanagementfähigkeiten in der Organisation. Oft wird dieser Skill von außen in Form von Beratungen teuer eingekauft, die die erfolgreiche Durchführung von Projekten begleiten. Dies ist aber häufig nicht notwendig, kann man doch intern über unterschiedliche Stufen eigenständig Projektmanager bzw. Projektmanagerinnen langfristig aufbauen. In unserem Beispiel haben wir hierfür fünf unterschiedliche Kompetenzstufen vorgesehen, die die Qualifikation entsprechender Mitarbeitender abbilden. Die Kompetenzstufen setzen wir auf ein vergleichbares Karriereniveau mit der Managementlaufbahn, so sollte ein Unternehmen beispielsweise transparent machen, dass ein Projektmanagement der Stufe 5 dem Niveau einer Gruppenleitung in der Führungslaufbahn entspricht. Die Definition der unterschiedlichen Kompetenzen obliegt dem Bedarf und der Seniorität der jeweiligen Organisation. Hier empfehlen wir, an den Bedarfen der Unternehmensstrategie entlang Kompetenzen zu definieren, die das Unternehmen braucht, um seine Strategie erfolgreich umsetzen zu können. Die Zusammenarbeit der Geschäftsführung mit der Personalabteilung zur zielgenauen Definition dieser Stufen ist gefragt. Die Kompetenzdefinition sollte so klar sein, dass alle Mitarbeitenden im Unternehmen sie verstehen. Wie könnte das geschehen?

Wenn wir davon ausgehen, dass in einem Unternehmen noch gar keine Projektmanagementkompetenz vorhanden ist, könnte eine Definition der jeweiligen Kompetenzstufen exemplarisch wie folgt aussehen:

Kompetenzstufe 1:	Der/Die Mitarbeitende hat ein grundlegendes Verständnis von Projektmanagement. Er/Sie unterstützt bei der Erstellung von (Teil-)Projektplänen und koordiniert die Zusammenarbeit von Projektteams.
Kompetenzstufe 2:	Der/Die Mitarbeitende hat einschlägige Berufserfahrung im Projektmanagement und verfügt über tiefgreifendes Fachwissen. Er/Sie kann eigenständig Projektpläne und -Roadmaps erstellen sowie Projektrisiken identifizieren.
Kompetenzstufe 3:	Der/Die Mitarbeitende verfügt über tiefgreifendes Fachwissen und bringt dieses zielführend in die Steuerung von Projekten ein. Er/Sie ist für die Zusammenarbeit unterschiedlicher Projektbeteiligter verantwortlich und stellt sicher, dass die Ergebnisse den Erwartungen der Stakeholder entsprechen.
Kompetenzstufe 4:	Der/Die Mitarbeitende verfügt über hohe Fach- und Beratungskompetenz. Er/Sie ist für die Steuerung großer und komplexer Projekte verantwortlich.
Kompetenzstufe 5:	Der/Die Mitarbeitende verfügt über eine sehr hohe Fach- und Beratungskompetenz. Er/Sie hat die Gesamtprojektverantwortung und ist für die Kosten- und Ressourcenplanung der Projekte zuständig.

Kompetenzstufen

Das Individuum muss die Chance erhalten, sich weiterzuentwickeln, damit die Organisation ganzheitlich von diesem Kompetenzaufbau profitieren kann.

Das dritte Karrieremodell, das wir vorstellen wollen, ist die *Expertenlaufbahn*. Hier werden fachliche Expertinnen und Experten aufgebaut, die keine disziplinarische, sondern ausschließlich fachliche Führung übernehmen. Gerade in produzierenden Betrieben ist diese Laufbahn sinnvoll, da sie entweder Prozesse optimieren oder Produktinnovationen vorantreiben kann. Ähnlich aufgebaut wie die Projektlaufbahn, unterscheiden wir hier wieder fünf verschiedene Kompetenzstufen. Jede Kompetenzstufe grenzt sich klar ab, sodass in der Organisation deutlich ist, welche Hürden genommen werden müssen, um in die nächste Stufe zu gelangen. Ziel ist es, den Titel »Senior Expert« zu erlangen, der auf einem vergleichbaren Niveau mit einer Gruppenleitung in der Organisation liegt. Fachleute werden anders weitergebildet als Projektmanager oder Führungskräfte. Sie erhalten ein auf die Bedarfe zugeschnittenes fachliches Curriculum. Inhaltlich anreichern lässt sich dieses zusätzlich mit Soft-Skill-Trainings, wie zum Beispiel dem Zusammenarbeiten in interdisziplinären Teams oder der Kommunikation mit unterschiedlichen Stakeholdern in einem Unternehmen. Auch hier gilt, dass die Personalabteilung an den Bedarfen der Organisation entlang eine fundierte Lernarchitektur aufbaut. Was genau eine Lernarchitektur ist, wollen wir im nächsten Abschnitt erörtern.

Lernarchitektur als Grundpfeiler der lernenden Organisation
Schätzungen zufolge müssen 6,5 Millionen Beschäftigte in Deutschland bis 2030 vollkommen neue Qualifikationen und Fähigkeiten lernen.[13] Die prognostizierte Verschiebung der geforderten fachlichen und nichtfachlichen Fähigkeiten ist so grundlegend, dass sie sich auch in den unternehmensinternen Weiterbildungsprogrammen widerspiegeln muss. Vor allem der technologische Wandel hat einen direkten Einfluss auf das Skill Set, das Mitarbeitende in Zukunft im Betrieb brauchen werden. Für Beschäftigte in der Produktion bedeutet der Einsatz von moderner Technik, dass repetitive Aufgaben immer häufiger automatisiert werden. In Zukunft werden Mitarbeitende vermehrt Systeme überwachen, anstatt eigenständig in den Produktionsablauf einzugreifen. Diese Umschulung von Fähigkeiten wird Re- bzw. Up-Skilling genannt. Re- und Up-Skilling sind zwei Formen der Kompetenzentwicklung, die darauf abzielen, Mitarbeitende auf bevorstehende Herausforderungen vorzubereiten und sie so beruflich kontinuierlich und strategisch weiterzuentwickeln. Up-Skilling bezieht sich auf gezielte Entwicklung von Fachwissen, um Qualifikationslücken zu schließen. Beim Re-Skilling hingegen werden neue Fähigkeiten erlernt, die für eine andere Position oder Rolle erforderlich sind.

Wir wollen am Beispiel der *Smart Factory* den Bedarf der Weiterentwicklung skizzieren. Die fortschreitende digitale Transformation und intelligente Automation führen dazu, dass Fertigungsprozesse immer adaptiver, nachhaltiger sowie anpassungsfähiger werden. Früher war die Vorstellung einer Smart Factory eine Illusion, die vielleicht irgendwann in der Zukunft stattfinden könnte. Heute findet man zumindest Teile dieser Illusion in Produktionsprozessen wieder. Und die Verbreitung steigt.

> Bei einer *Smart Factory* werden Maschinen, Personen sowie Big Data in ein digital vernetztes Ökosystem integriert. Die vom System gesammelten Daten werden analysiert. Aus den analysierten Daten werden automatisiert Erkenntnisse gewonnen, um Trends und Ereignisse zu prognostizieren. Auf Basis der generierten Daten korrigiert eine Smart Factory stetig Abläufe, was dazu führt, dass sie resilienter, sicherer und produktiver wird.[14]

Die Integration von mobilen Endgeräten ist ein gutes Beispiel, wie schon heute die Einbindung neuer Technologien gelingt. Benutzen Mitarbeitende digitale Tools, wie beispielsweise Tablets, werden sie in eine vernetzte Arbeitsumgebung aktiv mit eingebunden. Ihre Arbeitsaufgaben verändern sich. Doch von selbst eignen sich Beschäftigte keine Fähigkeiten im Umgang mit diesen neuen Systemen an. Das muss trainiert und somit im Rahmen eines Weiterbildungsprogramms angeboten werden. Falsch bediente Systeme lähmen die Prozesse und können zusätzlich hohe Kosten verursachen. Hier lohnt es sich, den Mitarbeitenden genug Training mit auf den Weg zu geben, damit sie ihre bestehenden Kompetenzen ausbauen können (Up-Skilling). Damit das neue System funktioniert, braucht es neues fachliches und methodisches Wissen und den Willen, Innovationen in den Produktionsalltag zu integrieren. Zusätzlich ist der Mut zu Neuerungen gefragt, bestehende Prozesse und Strukturen zu hinterfragen und agiler und adaptiver zu gestalten. In einem immer komplexer werdenden Arbeitsumfeld werden Mitarbeitende heute insgesamt deutlich mehr damit konfrontiert, sich kontinuierlich weiterentwickeln zu müssen – fachlich, methodisch und persönlich. Die Anpassungsfähigkeit jedes und jeder Einzelnen spielt eine entscheidende Rolle und kann zu einem echten Wettbewerbsvorteil für jeden Betrieb werden.

Zu bedenken ist ferner, dass sich in den kommenden Jahren die Babyboomer-Generation in den Ruhestand verabschieden wird. Im Vergleich zu dieser Generation beschäftigen sich die nachfolgenden Kohorten intensiver mit der Gestaltung ihrer Arbeitsaufgabe im Betrieb. Aufgrund des beschriebenen Strukturwandels können wir uns nicht länger darauf verlassen, extern durch gezieltes Anwerben von Mitarbeitenden Wissen ins Unternehmen zu holen. Dazu kommt, dass sich die Aufgaben im Betrieb in den kommenden Jahren stetig weiterentwickeln und verändern werden. Die Smart Factory ist hier erst der Anfang, durch den Einfluss der künstlichen Intelligenz werden Produktionsabläufe in naher Zukunft komplett umgestellt und modernisiert. Doch wie baut man eine Lernarchitektur, die nicht nur sinnhaft für die einzelnen Mitarbeitenden ist, sondern auch dem übergeordneten Zweck der Organisationsentwicklung dient?

> Die sogenannten *Babyboomer* sind zahlenmäßig betrachtet die stärksten Jahrgänge, geboren zwischen 1957 und 1969. Verschiedene Ereignisse beeinflussten diese Generation, während sie heranwuchs: Dazu gehören das Ende des Zweiten Weltkriegs, das zu Optimismus und Wohlstand führte, die Mondlandung und die Bürgerrechtsbewegung sowie die Idee, den amerikanischen Traum zu leben. Mit der Babyboomer-Generation werden in den kommenden Jahren knapp 30 % der dem Arbeitsmarkt zur Verfügung stehenden Erwerbspersonen in den Ruhestand gehen.

Braucht neue Arbeit neues Lernen?
Wenn neue Arbeitsweisen einen höheren Fokus auf das Individuum haben sollen, dann müssen auch Lernangebote in Betrieben individueller werden, damit alle Organisationsmitglieder die Möglichkeiten (und die Motivation) haben, sich weiterzuentwickeln. Weiterbildungsangebote müssen kontinuierlich auf die tatsächlichen Wünsche, Bedürfnisse und Bedarfe aller Organisationsmitglieder angepasst werden: Es ist die Aufgabe der Personalabteilung, durch strategisch ausgerichtete Maßnahmen aktuelle und zukünftige Unternehmensziele zu unterstützen. Dies kann nur im engen Zusammenspiel mit der Unternehmensleitung geschehen. Bei der Entscheidung, bestimmte Maßnahmen umzusetzen, muss zunächst sichergestellt sein, dass man ein genaues Bild der Bedürf-

nisse aller Organisationsmitglieder hat. Um eventuelle Lücken im Weiterbildungsangebot zu identifizieren, hilft die Analyse der im Unternehmen vorhandenen Kompetenzen mit einer sogenannten Skill-Matrix. Dabei werden, mithilfe einer strukturierten, meist tabellarischen Übersicht die vorhandenen Kompetenzen je Einheit oder Funktion erfasst. Die Analyse dient als Ausgangspunkt für alle weiteren Maßnahmen.

Dass derzeitig Kompetenzlücken zu erwarten sind, zeigt der Blick auf aktuelle Studien, die zu dem Ergebnis kommen, dass Beschäftigte in Deutschland beispielsweise im Durchschnitt ungenügende digitale Kompetenzen haben.[15] Gleichzeitig kann aufgrund der derzeitigen Geschwindigkeit der Entwicklung davon ausgegangen werden, dass der Anteil der Arbeit, der technisches und digitales Wissen voraussetzt, signifikant steigen wird. Es wird weniger monotone repetitive Arbeit geben, die von ungelernten Mitarbeitenden ausgeführt werden kann. Um diese Beschäftigten im Transformationsprozess nicht zu verlieren, ist es wichtig, zunehmend auch diese Gruppe zu berücksichtigen und passende Formate für an- und ungelernte Mitarbeitende anzubieten. Weiterentwicklung muss also auch jenseits von fachlicher Ausbildung stattfinden. An- und ungelernte Mitarbeitende werden nicht in allen Unternehmen die Kohorte mit dem höchsten Schulungsbedarf sein, doch dieses Beispiel verdeutlicht, warum es wichtig ist, zunächst seine Zielgruppe zu identifizieren. Neben der Identifikation der benötigten Kompetenzen ist eine Zielgruppenanalyse von großer Bedeutung. Welche Zielgruppe im Unternehmen sollte welche Kompetenz erwerben? Welche Formate ermöglichen einen schnellen Wissenstransfer? Und welche Lernarchitektur legen wir dem Aufbau von Kompetenzen zugrunde?

Bezüglich der Lernarchitektur kommt das oben erwähnte Re- und Up-Skilling zum Tragen. Mitarbeitende werden komplett neue Fähigkeiten erlernen müssen, um ihren Arbeitsplatz zu behalten, da die Digitalisierung ihren jetzigen Arbeitsplatz obsolet machen wird (Re-Skilling). Mitarbeitende müssen aber auch im Umgang mit neuen Technologien geschult werden, um die Arbeit an ihrem jetzigen Arbeitsplatz noch in der Zukunft mitgestalten zu können (Up-Skilling).

Neben den schon beschriebenen organisatorischen Rahmenbedingungen beeinflussen auch persönliche Faktoren, dass es für Blue-Collar-

Mitarbeitende weniger gut etablierte Angebote zur Weiterentwicklung gibt. White-Collar-Mitarbeitende, die sich mehr und mehr durch ein Studium für ihre Position qualifiziert haben, werden anders angesprochen als Beschäftigte, die eine Ausbildung gemacht haben. Im Vergleich zu einer Ausbildung, bei der die Lerninhalte oft vorgegeben sind, ist ein Studium durch viele Selbstlernphasen geprägt, in denen es darum geht, sich selbst Wissen zu bestimmten Fragestellungen anzueignen und neues Wissen zu generieren. Um auf einem ähnlichen Niveau Mitarbeitende ohne Studium anzusprechen, benötigen wir eine andere Lernumgebung, die Anreize schafft, sich im Arbeitsalltag weiterzuentwickeln. Schaut man auf die industrielle Fertigung, sieht man vereinzelte Schulungsprogramme oder Qualifizierungsmaßnahmen. Also eher formale Strukturen, unter denen Mitarbeitende die Möglichkeit haben, an einzelnen Maßnahmen zur Weiterentwicklung teilzunehmen. Bei der Zielgruppe von un- oder angelernten Kräften findet Lernen vor allem als Unterweisung durch den direkten Vorgesetzten statt. Selbstgesteuerte Formen der Weiterbildung im Betrieb, etwa durch Mediennutzung (wie zum Beispiel interaktive Lernprogramme), werden in der Produktion nur in seltenen Fällen genutzt.

Hier öffnet sich ein großer Spielraum an Möglichkeiten, wie man Arbeitsplätze auch in der Produktion anreichern kann. Eine echte Hürde für die Partizipation von Blue-Collar-Mitarbeitenden an Weiterentwicklungsmaßnahmen ist der Ort der Weiterbildung. Durch ein breites Angebot an digitalen Lernformen zu fachlichen und nichtfachlichen Themen lassen sich Mitarbeitende individuell fördern.

Digitale Lernformate haben den Vorteil, dass sie flexibel, ort- und zeitunabhängig verwendet werden können und sich durch einen modularen Aufbau individuell auf den Wissensstand der Lernenden einstellen lassen. Im digitalen Zeitalter nimmt die Geschwindigkeit, in der Lerninhalte veralten, stetig zu. Die Vermittlung von Wissen sollte daher immer anwendungsbezogen stattfinden. Durch digitale Angebote haben auch Blue-Collar-Mitarbeitende die Möglichkeit, sich »on demand«, also bedarfsgerecht, weiterzubilden. Doch ist bei der Implementierung solcher Angebote zu bedenken, dass die Blue-Collar-Mitarbeitenden in der Produktion oft andere technische Voraussetzungen haben als ihre Kolleginnen und Kollegen im Büro. Auch für Mitarbeitende ohne eigenen

Computer oder E-Mail-Adresse sollte die Möglichkeit bestehen, einen Trainingsraum zu nutzen, in dem sie auf die digitalen Lerninhalte zugreifen können.

Um Beschäftigten möglichst viel Flexibilität beim Lernen zu geben und trotzdem eine nachhaltige Wissensvermittlung sicherzustellen, empfehlen wir, Blended-Learning-Formate zu nutzen. Beim Blended Learning werden synchrone Präsenzlernphasen mit asynchronen Selbstlernphasen verknüpft, die in der Regel virtuell stattfinden. Das ermöglicht nachhaltiges, flexibles und individuelles Lernen, bei dem auf die Bedürfnisse der Lernenden besser eingegangen werden kann als im klassischen Präsenzunterricht. Es gibt nicht das eine Blended-Learning-Format, entscheidend ist die enge Verzahnung von Selbstlernphasen, in denen sich Lernende Wissen selbst aneignen, und Vermittlungsphasen, die in der Regel anwendungsbezogene Lerninhalte beinhalten. Die Personalabteilung muss im Vorfeld überlegen, welche Lehrmaterialien wie vermittelt werden sollen. Je nach Schulungsinhalten ist es sinnvoll, bestimmte Inhalte in Präsenz und andere virtuell zu schulen. Bei online angebotenen Lerninhalten können Lernende ihr Tempo individuell bestimmen. In den Präsenzschulungen hingegen lässt sich Wissen eher gemeinsam mit Kollegen und Kolleginnen vertiefen. Wir haben die Erfahrung gemacht, dass es umso sinnvoller ist, Lerninhalte in Präsenz zu schulen, je spezifischer und anwendungsbezogener das benötigte Wissen ist.

Unabhängig davon, in welchem Format Wissensvermittlung im Unternehmen stattfindet: Es lohnt sich immer, Feedback der Lernenden über ihre Erfahrungen zu sammeln. Dabei geht es nicht ausschließlich um eine Erfolgskontrolle hinsichtlich der vermittelten Inhalte, sondern auch um eine Rückmeldung über das Format der Weiterbildungsmaßnahmen. Hier können Umfragen mithilfe von Tools wie Mentimeter (www.mentimeter.com) eine einfache Lösung sein, um durch eine kurze Umfrage Rückmeldung von Mitarbeitenden zu erhalten.

Transformationsfähigkeit als Zukunftskompetenz für eine resiliente Organisation

Im Sinne der in Abschnitt 2.2 erläuterten New-Work-Charta bedeutet Entwicklung, dass für die Transformationsfähigkeit eines Unternehmens neue Impulse auf allen Unternehmensebenen wichtig sind. Neben fachlichen Kompetenzen muss auch die persönliche Entwicklung von Mitarbeitenden gefördert werden. In einem volatilen Marktumfeld kommt es darauf an, wie schnell eine Organisation auf neue Bedingungen reagieren kann.

Gilt dies auch für die Mitarbeitenden der Produktion? Produktionsmitarbeitende arbeiten in einem festgelegten Rahmen. Dieser ist repetitiv und Leistung ist klar messbar. Produktion wird an ihrer Produktivität gemessen. Daher spielt die zeitliche Ressource eine bedeutende Rolle, was Weiterbildung oft eher verhindert hat. Um als Organisation zukunftsfähig zu bleiben, muss Lernen im Produktionsalltag an Priorität gewinnen. Die Entwicklung von Kompetenzen ist die notwendige Gegenstrategie, um der zunehmend steigenden Komplexität zu begegnen und sicherzustellen, dass sich Mitarbeitende auf die neuen Arbeitsbedingungen einstellen können. Die Art und Weise, wie im Unternehmen gelernt wird, und die Inhalte der Lernangebote bestimmen maßgeblich die Kompetenzen in einer Organisation. Sie sollten eng mit strategischen Entscheidungen verknüpft sein und ein fester Bestandteil der Unternehmenskultur werden.

> Die *Lernkultur* stellt den Rahmen in der Organisation dar und wird durch alle Handlungen, Prozesse, Werte und Einstellungen im Betrieb geprägt. Eine starke Lernkultur ist die Grundvoraussetzung für eine lernende, sich anpassende Organisation.

Eine aktive Lernkultur im Betrieb fördert fachliche und soziale Fähigkeiten aller Individuen in der Organisation und unterstützt alle Organisationsmitglieder dabei, sich an neue Veränderungen und Herausforderungen anzupassen. Auf einer kulturellen Ebene beeinflusst sie gemeinsame Werte wie Selbstreflexion, Flexibilität, Neugier oder Offenheit.

Es sind Kompetenzen wie Eigenverantwortung und Veränderungsfähigkeit von Mitarbeitenden, die darüber entscheiden werden, wie erfolgreich Unternehmen Widerständen begegnen können. Ein Betrieb kann zu einer lernenden Organisation werden, die durch stetige Weiterentwicklung die Fähigkeit erwirkt, dynamisch auf neue Herausforderungen zu reagieren und sich veränderten Bedingungen anzupassen.

Ist in einem Unternehmen Weiterentwicklung ein Teil des tagtäglichen Geschehens, hat die Belegschaft ausreichend zeitliche Ressourcen zur Weiterbildung zur Verfügung und werden Beschäftigte dabei von ihren Führungskräften unterstützt? Wenn diese Teilfragen positiv zu beantworten sind, dann ist von einer in die Unternehmenskultur eingebetteten Lernkultur auszugehen. Ist es auf der anderen Seite eher selten, dass Mitarbeitende an solchen Maßnahmen teilnehmen, dann deutet dies darauf hin, dass das Unternehmen sich mit dem Aufbau einer Lernkultur als Teil seiner Unternehmenskultur beschäftigen sollte.

Ein Aspekt, der in der betrieblichen Praxis oft für Unmut bei Personalern und der Belegschaft sorgt, sind kurzfristige Absagen von Schulungen aufgrund von betrieblichen Situationen, die eine Teilnahme verhindern. Kurzfristige Absagen sind besonders dann ärgerlich, wenn am Tag der Schulung plötzlich zu knappe personelle Ressourcen oder ein zu hoher Workload im Team die Teilnahme unmöglich machen.

Kurzfristige Stornierungen lassen sich nicht immer vermeiden. Allerdings ist der richtige Umgang mit ihnen wichtig, um Lernen nicht zu etwas zu machen, bei dem es zur Gewohnheit wird, dass es »hinten rüber fällt« und insgesamt im Produktionsalltag eine geringe Priorität für Belegschaft und Führungskräfte hat. Um alle für dieses Thema zu sensibilisieren, sollten Personalabteilungen an Mitarbeitende und Führungskräfte klar kommunizieren, wenn durch eine kurzfristige Absage Kosten entstehen. Es kann zum Beispiel hilfreich sein, eine Stornierungsbestätigung an die betreffenden Mitarbeitenden, die Teamleitung und die Werksleitung zu schicken. Zudem ist es sinnvoll, bei der Absage einer Schulung den Stornierungsgrund zu erfragen. Zeichnet sich ein Trend ab, zum Beispiel, dass in einer Abteilung aufgrund von Überlast oder personellen Engpässen vermehrt Weiterentwicklungsmaßnahmen kurzfristig abgesagt werden, können die gesammelten Informationen hilfreich dabei sein, in Zusammenarbeit mit der jeweiligen Führungskraft Gegenmaßnahmen zu treffen.

Der Wandel der Arbeitswelt lässt auf organisationaler Ebene Herausforderungen in den Bereichen Kommunikation, Teamarbeit und Führung erwarten. Nichtfachliche Kompetenzen, die Mitarbeitenden Zugehörigkeit zum Unternehmen, Empowerment und Mitbestimmung vermitteln, sollten im Vordergrund stehen.

Eine Lernkultur zu beeinflussen, funktioniert nur dann, wenn gezielt Impulse in die Organisation gegeben werden. Entscheidend ist hierbei wieder die Führung, denn je nach gelebter Führungskultur wird ein sicherer Rahmen für Weiterentwicklung oder auch für Fehlerkultur geschaffen.

Im Rahmen von Entwicklung braucht es ein modernes Führungsverständnis. Integres Verhalten von Führungskräften ist die Grundlage für Fairness und Vertrauen. Engagement zu zeigen, heißt im Zweifel auch, Entscheidungen zu treffen und bereit zu sein, Fehler zu machen. Der Umgang mit Fehlern im Betrieb ist ein sehr wichtiger Aspekt für die Transformationsfähigkeit auf individueller, aber auch auf organisationaler Ebene. Wenn Fehler richtig verstanden und die entsprechenden Schlüsse gezogen werden, können sie die Innovationsfähigkeit eines Betriebes stark positiv beeinflussen. Daher braucht es Führungskräfte, die Vorbilder sind, sich authentisch zeigen, über ihre eigenen Fehler sprechen und in ihrem Team psychologische Sicherheit herstellen.

> *Psychologische Sicherheit* beschreibt die Überzeugung eines Individuums oder eines Teams, innerhalb der gesamten Organisation oder in Teilen von ihr Risiken ohne negative Konsequenzen für sich oder andere eingehen zu dürfen. Diese Überzeugung der Organisationsmitglieder gilt als ein zentraler Faktor für die erfolgreiche Zusammenarbeit in Teams.

Es soll nicht unerwähnt bleiben, dass eine gute Fehlerkultur auch einen positiven Effekt auf die Employer Brand hat. Geht ein Unternehmen offen mit Fehlern um, wird dies insbesondere von jüngeren Arbeitnehmerinnen und Arbeitnehmern als ein Umfeld wahrgenommen, in dem man sich persönlich und beruflich weiterentwickeln kann. Damit Betriebe ein Umfeld schaffen, in dem Fehler als Lernchancen wahrgenommen werden, braucht es die passenden Prozesse. Gemeinsame Retrospektiven können dabei helfen, die richtigen Schlüsse aus Fehlern zu ziehen, sie in Zukunft zu vermeiden und hochwertige Arbeitsergebnisse zu erzielen. Retroperspektiven vereinfachten den Prozess, gemeinsam auf Themen zu schauen, sie zu bewerten und Ableitungen für die Zukunft zu treffen.

Um im Team eine Retroperspektive durchzuführen, kann die folgende Vorlage verwendet werden:

Tool 20

Retro-Board	
Stop it Damit wollen wir aufhören.	Weniger davon:
Start it Damit wollen wir anfangen.	Mehr davon:
Wem möchten wir danken?	

Retro-Board

Neben einer kompetenten Führung ist auch die Vernetzung von Mitarbeitenden untereinander von elementarer Bedeutung. Informelle Netzwerke unter den Beschäftigten steigern die Lernmotivation der gesamten Organisation. Wenn der Arbeitsalltag daraus besteht, Fertigungsziele zu erreichen, kann der Austausch innerhalb der Belegschaft schnell zu kurz kommen. Es braucht ein Arbeitsumfeld, in dem Mitarbeitende dazu motiviert werden, mit- und voneinander zu lernen. Durch sogenannte Achievement Awards lassen sich Entwicklungserfolge im Unternehmen sichtbar machen. In einem bestimmten Rhythmus werden einzelne Mitarbeitende oder auch Teams gewürdigt, die besonderen Leistungen erbracht haben. Durch ein Nominierungsverfahren, bei dem Mitarbeitende und Führungskräfte einzelne Personen oder Projektteams vorschlagen können, werden Teams und ihre Leistungen sichtbar, die vielleicht bisher noch nicht bekannt waren. Durch einen solchen Nominierungsprozess wird zudem der abteilungsübergreifende Austausch gefördert, da nicht nur die Geschäftsführung neue Projekte besser kennenlernt. Auch Mitarbeitende und Führungskräfte anderer Abteilungen werden auf die Leistungen der Nominierten aufmerksam. Dies öffnet den Raum, um Synergien zwischen Abteilungen zu nutzen – und schafft einen positiven Rahmen für den Ausbau der psychologischen Sicherheit.

Unser Fazit

Ohne Klarheit im Bereich der Personalentwicklung werden Unternehmen mittelfristig im Wettbewerb um kluge Köpfe verlieren. Entwicklung muss innovativer und kreativer gedacht werden als bisher, der Status quo sollte auf den Prüfstand gestellt werden. Hier spielen die Personalabteilungen die entscheidende Rolle, denn sie sind dafür verantwortlich, dass die Unternehmensstrategie in Weiterbildungsmaßnahmen eingeflochten wird. Wer heute nicht beginnt, seine Mitarbeitenden auf die Herausforderungen der Zukunft vorzubereiten, der hat heute schon entschieden, dass er in der Zukunft nicht erfolgreich sein will. Nicht in die Mitarbeitenden zu investieren, ist ein grober Fehler, denn der benötigte Zukauf von Wissen von außen wird deutlich teurer sein. Personalentwicklung ist daher ganzheitlich in den Employee Lifecycle eingewebt, denn je attraktiver das Angebot ist, desto einfacher gestaltet sich die Personalgewinnung. Der positive Einfluss auf die Unternehmenskultur wird spürbar und die Retention-Rate wird sich erhöhen. Eine Win-win-Situation für Mitarbeitende und Unternehmen für gemeinsamen langfristigen Erfolg.

3.5 Phase 5: Retention – Mitarbeitende halten: die schwierigste Aufgabe eines Unternehmens

»Oh nein, Hanno hat gekündigt!«, ruft der Werksleiter entsetzt mit starrem Blick auf die Mail in seinem Computer. Alle Personen, die diese Information vernommen haben, stehen auf und versammeln sich um den Werksleiter. »Wie kann das sein?«, fragt der eine. »Er ist der Einzige, der die neue Maschine wirklich bedienen kann!«, sagt ein weiterer aufgelöst. »Wer trainiert dann die neuen Azubis?«, fragt eine andere. »Nur Hanno hat hier doch wirklich eine Ahnung!« Blankes Entsetzen steht in den Gesichtern der Kolleginnen und Kollegen – viele Fragen, nur keine Antworten. Was macht man, wenn ein Leistungs- und Wissensträger kündigt? Der Werksleiter ist schon lange dabei, er weiß genau, dass bald die Suche nach einem Schuldigen losgehen wird. Wer hat hier nicht genug aufgepasst und nicht gemerkt, dass Hanno nicht glücklich ist und einfach so kündigen wird? Der Werksleiter weiß, die Frage ist vielschichtig, aber diese Antwort wird denen »von oben« nicht gefallen. Daher sagt er erst einmal ruhig in die Runde: »So, wir beruhigen uns zunächst einmal. Hier ist das letzte Wort noch nicht gesprochen. Mal sehen, wie viel er fordert, um doch zu bleiben!« Er hofft, dass er damit die Situation geklärt hat, und setzt sich wieder an die Arbeit.

Wenn ein Leistungs- und/oder Wissensträger in einem Unternehmen kündigt, dann ist dies immer hochproblematisch. Einerseits verlässt ein Schlüsselspieler eine eingespielte Mannschaft. Andererseits nimmt er Wissen mit, das für die Organisation elementar ist. Und dann gibt es noch die Signalwirkung. Kolleginnen und Kollegen könnten diese Veränderung zum Anlass nehmen und ihre eigene Situation hinterfragen: *Wenn jemand wie Hanno geht, muss das doch einen triftigen Grund haben! Hat er woanders etwas Besseres gefunden? Und wenn ja: Finde ich dann vielleicht auch was Besseres?* Wenn er geht, dann kann es ja nur bergab gehen. Sehr schnell bildet sich eine potenzielle Welle von weiteren Kündigungen und der Arbeitgeber kommt in den Zugzwang. Einige Kündigungen kann man sicherlich mit einer Finanzspritze verhindern, aber das ist nicht die Lösung für alle. Man muss sich mit dem ursprünglichen Grund beschäftigen und sich kritisch mit dem eigenen Unternehmen auseinandersetzen. Sind wir noch attraktiv? Treffen wir die Bedürfnisse der Belegschaft? Wie werden und bleiben wir jeden Tag »Employer of Choice« – für neue Talente, aber vor allem auch für die bestehende Mannschaft?

Arbeitgeberattraktivität ist eine wirtschaftliche Entscheidung
Retention ist für den Unternehmenserfolg wichtiger als Recruiting. Diese These hört man in den vergangenen Jahren öfter. Dies ist vor allem darin begründet, dass sich Unternehmen deutlich bewusster über die entstehenden Kosten sind, wenn man Mitarbeitende mit langer Stehzeit verliert. Die Kosten, die durch eine Kündigung entstehen, summieren sich schnell und sind deutlich höher als das Recruiting von neuen Talenten. Die blanken Zahlen sprechen für sich, nehmen wir als Beispiel einen einfachen Facharbeiter, der im Monat etwa 4500 Euro brutto verdient (der Einfachheit halber gehen wir in der folgenden Rechnung nur vom Arbeitnehmerbrutto aus und zählen nicht die Sozialabgaben des Arbeitgebers mit, was den Betrag noch einmal deutlich erhöhen würde):

Weiterzahlung durch Kündigungsfrist, mit eingerechnetem Leistungsabfall	10.000 €
Recruiting eines Nachfolgers	10.000 €
Leerstand der Position durch fehlende Nachbesetzung in den ersten zwei Monaten	9.000 €
Einarbeitung der Nachbesetzung (mind. 3 Monate)	13.500 €
Wissensverlust durch Abgang	unschätzbar
Einfluss auf die Organisation (weniger Engagement, weitere Kündigungen)	unschätzbar

Kosten, die durch die Fluktuation von Mitarbeitenden entstehen

So landen wir schnell bei einem Betrag von 42.500 Euro plus einer unbekannten Schätzgröße, denn der wirkliche Einfluss auf die Organisation, das Engagement, die Mitarbeiterzufriedenheit und mögliche weitere Kündigungen ist nicht abschätzbar, dürfte allerdings der deutlich größere Posten der kleinen Rechnung sein. Somit hat die Kündigung eines oder einer Mitarbeitenden einen sofortigen Einfluss auf die Gewinn- und Verlustrechnung eines Unternehmens: Sie ist sehr teuer.

Daher ist es anzuraten, dass sich Arbeitgeber frühzeitig mit dem Thema »Mitarbeiterbindung« auseinandersetzen, um diesen großen Kostenpunkten vorzubeugen. Denn wenn jemand kündigt, dann bedeutet es nicht automatisch, dass man diese Position sofort nachbesetzen kann.

> *Retention* umfasst alle Themen rund um die Mitarbeiterbindung an ein Unternehmen. Von Retention-Management spricht man dann, wenn ein Unternehmen aktiv Maßnahmen zur Steigerung der Mitarbeiterbindung umsetzt, die etwa Vergütung, Entwicklung oder Führungskultur im Unternehmen betreffen. Damit Mitarbeitende lange im Unternehmen bleiben, spielen Faktoren wie Zufriedenheit im Job, Motivation und emotionale Bindung an den Arbeitgeber eine wichtige Rolle.

Retention im Fokus: Mitarbeiterbindung stärken – wie funktioniert das?

Die Retention von Arbeitnehmerinnen und Arbeitnehmern ist vor allem durch die neuen Generationen, die den Arbeitsmarkt betreten, mehr und mehr in den Fokus gerückt. Während die sogenannten Babyboomer und die Generation X sich dadurch auszeichnen, dass sie eine hohe Leistungs- und Leidensbereitschaft mitbringen und lange bei ihrem Arbeitgeber bleiben (Stichwort: hohe Arbeitgeberloyalität), haben die Generation Y und ihre Nachfolger ganz andere Auffassungen von Loyalität. Woran liegt das? So ist beispielsweise für die Generation Y ein Grundbedürfnis, zu lernen und sich selbst zu verwirklichen. Die Loyalität zu einem Arbeitgeber hingegen ist nicht von besonders großer Relevanz. Es wird ein Job angefangen, es werden Wissen und Kompetenzen erworben und dann nach ein bis zwei Jahren eine neue Stelle gesucht. Immer mit dem Ziel, sich neue und andere Fähigkeiten anzueignen. Für die Babyboomer und die Generation X absolut undenkbar, dass Mitarbeitende sich selbst gegenüber loyaler sind als ihrer Arbeitsstelle.

> Als *Generation X*, auch Sandwich-Generation genannt, werden diejenigen Beschäftigten bezeichnet, die zwischen 1965 und 1980 geboren wurden. Sie gelten als eine Generation, in der Arbeit als Mittel zum Zweck angesehen wird, um sich einen guten Lebensstil leisten zu können.

Während in den 2000er-Jahren – in den Zeiten des Arbeitgebermarkts mit viel zu wenig freien Stellen für viel zu vielen Arbeitssuchende – viel Wert darauf gelegt wurde, dass man keine Lücke im Lebenslauf hatte, um sich maximal attraktiv auf dem Arbeitsmarkt zu präsentieren, scheuen die neuen Generationen vor Lebenslauflücken nicht zurück. Viele Arbeitgeberwechsel? Kein Problem. Forbes schätzt, dass Millennials (Generation Y) bis zum Renteneintritt bis zu 25 unterschiedliche Stationen auf ihren Lebensläufen zusammengesammelt haben.[16] Was vor einigen Jahrzehnten noch absolut undenkbar gewesen wäre, ist heute die neue Normalität. Die Arbeitgeber haben sich auf diese grundlegende Veränderung eingestellt – und wer das noch nicht getan hat, dem raten wir dringend, diesem Generationenkonflikt offen zu begegnen. Im Kampf um Fachkräfte können es sich Unternehmen nicht leisten, die Anforderungen der neuen Generationen unberücksichtigt zu lassen. Die Babyboomer stehen kurz vor dem Eintritt in die wohlverdiente Rente, die Generation X wird bald folgen – die Zeiten haben sich geändert und ein Zurück deutet sich nicht an. Auch wenn die wirtschaftlichen Herausforderungen in Deutschland gegenwärtig ausgeprägt sind und beispielsweise Produktionsbetriebe ihre Arbeit vermehrt ins Ausland verlagern, wird man immer Fachkräfte benötigen, denen immer mehrere Arbeitsplätze zur Auswahl stehen. Hier spielt der demografische Wandel eine entscheidende Rolle: Zu viele Renteneintritte können die nachfolgenden Generationen nicht abfedern. Dafür fehlen schlichtweg die Menschen. Daher ist es ratsam, dass sich Unternehmen intensiv mit dem Thema Retention auseinandersetzen.

Wir wollen im Folgenden auf vier Eckpunkte für attraktives Arbeiten in der Produktion eingehen. Bevor wir einsteigen, raten wir aber erst einmal dazu, sich als Unternehmen die relevanten KPIs der Retention anzuschauen. Diese Zahlen geben einen Einblick in den Trend im Haus und helfen zu identifizieren, an welchen Stellschrauben zuerst gedreht werden sollte.

Tool 21

KPI	Bedeutung
Kündigungsrate (Organisation / je Abteilung)	Die Kündigungsrate wird im Jahresvergleich analysiert, für die gesamte Organisation und für einzelne Abteilungen. Hierzu werden nur die freiwilligen Arbeitnehmerkündigungen gezählt und ein prozentualer Wert berechnet. Dieser kann dann mit Marktdaten von Wettbewerbern oder von anderen Unternehmen in der jeweiligen Umgebung verglichen werden. Dies gibt einen guten Indikator, ob man mit seiner Kündigungsrate nach oben, also negativ, ausschlägt und ob somit Maßnahmen angezeigt sind.

Tool 22

KPI	Bedeutung
Mitarbeiterengagement	Mithilfe einer Mitarbeiterumfrage lässt sich ableiten, wie zufrieden und engagiert die Mitarbeitenden ihrer Arbeit nachgehen. Ein relevanter KPI, um das Engagement und die Verbundenheit mit dem Unternehmen zu erfassen, ist der Employee Net Promoter Score (kurz ENPS). Er drückt aus, wie stark sich Mitarbeitende mit ihrem Arbeitgeber identifizieren. Der ENPS ist leicht zu messen und basiert auf einer einzigen Frage: »Wie wahrscheinlich ist es auf einer Skala von 0 bis 10, dass Sie unser Unternehmen Ihren Freundinnen und Freunden oder Bekannten als Arbeitgeber empfehlen würden?« Die Antworten werden auf einer Skala von 0 = »gar nicht« bis 10 = »sehr wahrscheinlich« gegeben. Anschließend werden die Antworten in drei Gruppen kategorisiert: ■ **0 bis 6 *Detraktoren* (Kritiker):** Diese Personen würden das Unternehmen nicht als Arbeitgeber empfehlen oder sogar davon abraten.

- **7 bis 8** *Passive*: Diese Personen sind mit ihrem Arbeitgeber zufrieden, würden ihn aber wahrscheinlich nicht aktiv weiterempfehlen.
- **9 bis 10** *Promoter* **(Unterstützer)**: Diese Personen sind von ihrem Arbeitgeber begeistert und empfehlen ihn aktiv weiter.

Von jeder Gruppe wird der prozentuale Wert unter allen Befragten errechnet. Der ENPS berechnet sich dann aus der Differenz zwischen den Detraktoren und den Promotoren. Das Ergebnis kann zwischen −100 und +100 liegen, der ENPS selbst wird als absolute Zahl angegeben und nicht als Prozentwert.

Ein Beispiel:
Eine Befragung von 80 Mitarbeitenden:
20 sind Detraktoren (25 %)
10 sind Promotoren (12,5 %),
⇨ *Dann errechnet sich der ENPS wie folgt:*
12,5 − 25 = −12,5 ⇨ *ENPS: −12,5*

Ein negativer ENPS ist auch negativ zu bewerten: Je stärker die Kennzahl ins Minus rutscht, desto größer scheint das Problem der Mitarbeiterbindung und Arbeitgeberattraktivität für das Unternehmen. Positive Werte zwischen 20 und 30 werden in der Regel als normal eingestuft, Werte über 50 sind als sehr positiv zu interpretieren.

Tool 23

KPI	Bedeutung
Abwesenheitsrate	Hier geht es um die Quantifizierung von Abwesenheiten. Dieser KPI gibt an, wie viele vertraglich nicht erfüllte Stunden es im Unternehmen gibt (z. B. durch Krankheit oder andere kurzfristige Ausfälle).

Dies sind nur drei KPIs, die helfen sollen, einen faktenbasierten Blick auf die Mitarbeiterbindung im Unternehmen zu werfen. Oft wird immer noch mit Bauchgefühl argumentiert, wenn es um diese auf den ersten Blick sehr weichen Themen geht. »Bei uns ist doch alles in Ordnung.« Wirklich? Oft stimmen diese subjektiven Einschätzungen von Führungskräften in einer Organisation nicht mit der Lebensrealität an der Basis überein. Wir haben die Erfahrung gemacht: Je mehr Zahlen man präsentiert, desto weniger Emotionen finden in der Bewertung Platz. Da das gesamte Thema einen großen wirtschaftlichen Hebel enthält und die Kostenstruktur eines Unternehmens stark beeinflussen kann, ist es ein Bereich, dem sich jeder Arbeitgeber annehmen muss. Den Luxus, die eigene Retention-Rate zu ignorieren, kann man sich kaum mehr leisten.

Was passiert, wenn man aus den KPIs ableiten konnte, dass man mehr für die Mitarbeitenden tun muss? Das wollen wir im folgenden Abschnitt erläutern.

Die vier Eckpfeiler der Mitarbeiterbindung
Wir erinnern uns an die Kündigung von Hanno, die bei seinem Vorgesetzten und den Kolleginnen und Kollegen für Entsetzen gesorgt hat. Die Kündigung kam für den Werksleiter überraschend, er scheint nicht vorbereitet gewesen zu sein. Ein Plan B ist nicht vorhanden und nun muss er reagieren, anstatt aktiv die Situation zu bestimmen. Es gab in diesem Buch schon einige Hinweise, dass Hanno nicht ganz zufrieden war – er bemängelte einerseits die fehlende Unterstützung beim Recruiting, er wusste nicht weiter bei der Mitarbeiterentwicklung und auch sonst schien er mit den neuen Anforderungen nicht ganz so gut zurechtzukommen. Alles Indikatoren für einen wechselbereiten Mitarbeitenden. Er muss gar nicht aktiv selbst nach einem neuen Job gesucht haben, er kann auch einfach von außen angesprochen worden sein (Stichwort: *Active Sourcing*) und dann wurde für ihn ein Wechsel interessant. Fälle wie der von Hanno sind uns in der Praxis schon oft begegnet und die Gründe für die Kündigung überschnitten sich meistens.

Unserer Erfahrung nach lassen sich vier relevante Eckpfeiler der Mitarbeiterbindung identifizieren, die sich mit den Anforderungen der neuen Generationen und dem Grundverständnis von New Work nach

Bergmann in Einklang bringen lassen. Im Beispiel möchte der Werksleiter Hanno ein besseres Angebot machen, sprich sein Gehalt erhöhen, und ihn so doch noch überzeugen, seine Kündigung zurückzuziehen. Im Falle eines Leistungs- oder Wissensträgers ist dieses Vorgehen meist die erste Reaktion, doch die betriebliche Praxis zeigt ganz klar: Hat sich ein Key-Player dazu entschieden, zu kündigen, sind die Gründe meist tiefgreifender als die Unzufriedenheit mit dem Gehalt. Daher ist eine Anpassung des Gehalts keine nachhaltige Lösung, um Mitarbeitende langfristig an den Betrieb zu binden.

Tool 24

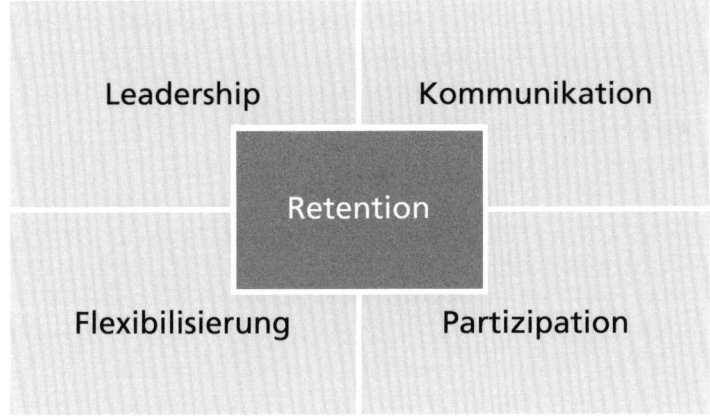

Die vier Eckpfeiler der Mitarbeiterbindung

Retention innerhalb der Belegschaft eines Unternehmens lässt sich durch vier grundlegende Faktoren relevant beeinflussen:

- *Leadership*: das Führen, Managen und Motivieren von Mitarbeitenden,
- *Kommunikation*, die holistisch und transparent ausgestaltet wird,
- *Flexibilisierung*, um auf die neuen Lebensmodelle positiv einzuwirken, sowie
- *Partizipation*, die Teilhabe und gezielte Mitwirkung von Mitarbeitenden am unternehmerischen Handeln.

Wie genau können auch kleinere Unternehmen aus der produzierenden Branche hier den Anschluss an die Gegenwart sicherstellen? Wir wollen im Folgenden auf die einzelnen Bereiche eingehen und konkrete Vorschläge machen.

1. Leadership – neues Führen als Hebel für die Zukunft

Wer schon einmal in KMUs unterwegs war, dem fällt schnell auf, dass die vorhandene Fachkompetenz überwältigend ist. Die Mitarbeitenden sind meist wahre Experten in ihrem Feld und haben eine große Leidenschaft für ihre Arbeit. Sie sind stolz auf das, was sie tagtäglich tun. Fachkompetenz ist das ausschlaggebende Kriterium, das den Respekt vor den einzelnen Beschäftigten sichert. So ist es nicht verwunderlich, dass oft der oder die fachlich kompetenteste Mitarbeitende eine Führungsaufgabe übernimmt. Das ergibt auf den ersten Blick ja auch Sinn: Wer großes Wissen hat, der kann dieses Wissen auch gut an die Belegschaft weitergeben. Wir nennen diese Personen gerne SME, *Subject Matter Expert*. So hat sich in vielen Unternehmen eine Führungskultur über Fachwissen entwickelt. Eventuell wurde eine Führungskraft einmal zu einem Training geschickt (gerne zu Inhalten wie »Vom Kollegen zur Führungskraft«), aber weiter wurde hier nicht großartig investiert. Das ist gerade mit Babyboomern und der Generation X im Team auch nicht wirklich problematisch, sind doch diese Generationen dafür bekannt, dass sie genügsam das akzeptieren, was vom Chef kommt, und ihrer Arbeit nachgehen. Diese Genügsamkeit hat sich in den vergangenen Jahren gedreht – Führungskräfte kamen mit dem Eintritt der Generationen Y und Z an die Grenzen ihrer Führungskompetenz. Auf einmal geht es nicht mehr um das fachliche Wissen, auf einmal sind die Anforderungen an eine Führungskraft ganz anders als früher. Viele Führungskräfte kommen nicht mehr weiter, was man vor einigen Jahren als SME noch leichter bedienen konnte, hilft nun nicht mehr. Doch was genau ist jetzt anders?

Wir haben in den vorherigen Kapiteln beschrieben, dass Führung bzw. Leadership mit den neuen Generationen auf dem Arbeitsmarkt eine ganz neue Bedeutung erhalten hat. Es geht nicht nur darum, eine fachliche Führung sicherzustellen, sondern vor allem darum, dass durch gute Führung die Mitarbeitenden im Unternehmen gehalten werden.

Leadership spielt eine elementare Rolle, wenn man über Retention spricht. Die Erwartungen an die Führung von heute unterscheiden sich grundsätzlich von früheren Führungsidealen. Ein *Leader* von heute muss durch eine Welt der Ambiguität navigieren, muss in der Lage sein, Change-Prozesse aktiv zu gestalten, und vor allem muss er den Menschen in den Mittelpunkt stellen. Emotionale Intelligenz ist entscheidend, wenn man heutzutage erfolgreich führen möchte. Das Team muss der Führungskraft vertrauen, es muss ihr folgen. Ohne emotionales Commitment des Teams zum eigenen Leader wird das Team auch kein Commitment zum Unternehmen haben.

Führung ist demnach eine sehr komplexe, vielschichtige Herausforderung, die ohne Schulung und stetige Weiterentwicklung nicht zum Erfolg führen kann. Ein Unternehmen muss demzufolge seine Führungskräfte stets und ständig weiterentwickeln und sie mit den immer schneller werdenden Veränderungen auf dem Markt in Kontakt bringen. Führungskräfte sollten nicht mehr in erster Linie nach ihrer fachlichen Kompetenz ausgesucht werden. Die Geschwindigkeit, in dem Wissen überholt ist, nimmt stetig zu und es ist notwendig, fachliches Wissen ständig auf den Prüfstand der Aktualität zu stellen. Die Führungskraft ist nicht mehr unbedingt die Person, bei der sich das gesamte Fachwissen eines Teams sammelt. Vielmehr ist es die Aufgabe der Führungskraft, dafür zu sorgen, dass das Team am Puls der Zeit bleibt.

Führungskompetenz und Methodenkompetenz überschneiden sich nicht mehr. Der Anspruch an eine Führungskraft ist ein anderer, daher empfehlen wir die folgenden Merkmale bei der Auswahl von Führungskräften:

1. Partizipativer statt autokratischer Führungsstil
2. Emotionale Intelligenz und situative Agilität
3. Offene und transparente Kommunikation über Erwartungen
4. Bereitschaft, Entscheidungen zu treffen und mutig zu sein
5. Reflexionsfähigkeit (Stichwort »Authentizität«)

2. Kommunikation – lieber zu viel als zu wenig

Gerüchte sind in einem Unternehmen auf vielen Ebenen schädlich. Sie sorgen für Verunsicherung, für Ablenkung und für einen negativen Einfluss auf das Betriebsklima. Unserer Erfahrung nach sind Gerüchte vor allem das Ergebnis einer mangelnden Kommunikation in einer unsicheren und volatilen Zeit. Gerüchte entstehen aber auch, weil sich Organisationen verändern und es nicht umfassend schaffen, die Mitarbeitenden auf die Reise der Veränderung mitzunehmen. War das vor einigen Jahrzehnten anders? Sicherlich. Wenn ein KMU von einem Geschäftsführer geführt wurde, der eine Top-down-Führung praktiziert hat, dann war die Belegschaft daran gewöhnt, dass diese Person als Leitfigur eine klare Ansage machte und diese dann befolgt wurde. Es gab keinen Spielraum für Nachfragen oder etwa Diskussionen. Es wurde akzeptiert, was »von oben« kam, und dann an der Basis ausgeführt.

Das funktioniert heute nicht mehr in dieser Form. Hier spielen wieder die Generationen Y und Z eine Rolle, die gerne verstehen wollen, wieso sie etwas tun sollen, die gerne diskutieren wollen, ob etwas Sinn macht oder nicht, und die gerne mitreden. Die jüngere Generation möchte nach ihrer Meinung gefragt werden, damit sind junge Leute aufgewachsen. Schon von klein auf wurde ihnen als *Digital Natives* vermittelt, dass man neue Informationen hinterfragen und priorisieren muss, um das große Ganze nicht aus den Augen zu verlieren, was dazu führte, dass Aufgaben in der Regel nicht stoisch ausgeführt werden.

> *Digital Natives* sind mit digitalen Technologien aufgewachsen und kennen die Welt ohne Computer, Mobiltelefone oder das Internet faktisch nicht. Digitale Technologien waren schon immer ein integraler Bestandteil ihres Lebens und dementsprechend geübt sind sie im Umgang mit Technologie. Sie gehen vertraut mit Medien aller Art um und adaptieren schnell neue Funktionen.

Purpose – der Sinn hinter einer Tätigkeit – steht im Mittelpunkt aller Aktivitäten. Wenn der Sinn hinter einer Veränderung im Arbeitsablauf nicht erklärt wird, dann ist die neue Generation schnell geneigt, nach eigenen Erklärungen zu suchen. Wenn diese eigenen Erklärungsversuche dann mit Kollegen und Kolleginnen geteilt werden, landen wir sehr schnell bei der Entstehung von Gerüchten.

Kommunikation hilft hier, Widersprüche aufzulösen, einen Purpose zu generieren und durch ein gemeinsames Narrativ ein Gefühl der Zusammengehörigkeit zu erschaffen. Bei der Kommunikation gilt klar: Lieber zu viel als zu wenig.

> **Beim *Purpose* geht es darum, für Mitarbeitende, Kundschaft, Investoren und andere relevante Stakeholder den übergeordneten Zweck des Unternehmens zu definieren – den Grund, warum das Unternehmen überhaupt existiert. Er signalisiert der Belegschaft, wofür ihr Arbeitgeber steht und warum sie jeden Tag ihre Arbeit im Unternehmen erledigt und welchen Einfluss Einzelne selbst mit ihrer Arbeit haben können.**

Wir haben die Erfahrung gemacht, dass in KMUs oft vergessen wird, Inhalte bis an die Basis zu transportieren. Da wird eine Entscheidung mit dem Führungskreis geteilt und, so die einhellige Meinung, irgendwie wird sich diese dann schon verbreiten. Dies ist oft ein Trugschluss, denn Kommunizieren muss gelernt und strategisch aufgebaut sein. Es ist zu wichtig, um es einfach so nebenbei geschehen zu lassen. Kommunikation (intern als auch extern) ist ein sehr wichtiger Eckpfeiler für die Retention. Wie sollte man seine Unternehmenskommunikation gut aufbauen?

Hier empfehlen wir ganz klar den Einbezug aller Stakeholder in einem Betrieb. In der folgenden Abbildung [auf der nächsten Seite] sind verschiedene betriebliche Stakeholder schematisch nach Hierarchieebene dargestellt:

Tool 25

Ebene	Kommunikationsmittel
Management-ebene	• Townhall Meetings / Betriebsversammlung • Einzelgespräche • Konferenzgespräche
Gruppenleiter-ebene	• Führungstreffen • Persönliche Gespräche (persönlich oder digital) • Informationsunterlagen
Team-ebene	• Allgemeine Newsletter oder Intranetbeiträge • Informationsveranstaltung, z.B. durch Roadshow • Meetings
Individual Ebene	• Persönliche Gespräche (persönlich oder digital) • Informationsschreiben

Kommunikation auf allen Unternehmensebenen

Stellen wir uns eine Veränderungsmaßnahme in einem Betrieb vor: Es sollen Maschinen an einen anderen Standort ausgelagert werden. Eine heikle Angelegenheit, lässt diese doch viel Raum für Spekulationen. So werden eventuell Ängste ausgelöst und die Mitarbeitenden fragen sich, ob der eigene Standort vor der Schließung steht. Der eigentliche Grund ist, dass die Geschäftsleitung sich entschieden hat, in einen neuen industriellen Zweig der Fertigung zu expandieren, und daher mehr Platz im Werk schaffen möchte. Wie kommuniziert man nun, ohne dass Gerüchte entstehen?

Wir würden hier wie oben beschrieben ein passgenaues Stakeholdermanagement empfehlen. Die Geschäftsleitung möchte sicherlich nicht all die wirtschaftlichen Geschäftsdaten für ihre Entscheidung offen teilen, daher muss sie eine kurze und präzise Botschaft formulieren. Je einfacher, desto besser. Denn diese Botschaft wird dann über die Führungsebenen des Unternehmens nach unten kaskadiert – zunächst im Managementkreis, dann informiert dieser die Gruppenleitungen, die dann wiederum mit derselben Botschaft die Teams informieren, um im Abschluss bottom-up auf Individualebene Fragen und Rückmeldungen zu sammeln und zu beantworten, die dann wieder mit der Geschäftsleitung geteilt werden. Damit diese die Chance erhält, ihre Botschaft nach Bedarf ein wenig zu präzisieren oder zu prüfen, ob die Botschaft richtig verstanden wurde. Das mittlere Management kann schnell zu einer Lehmschicht zwischen Geschäftsführung und Mitarbeitenden werden, denn oft hört die Kommunikation zwischen Unternehmensleitung und Managementebene auf. Dann müssen sich die Gruppenleitungen Informationen zu einer Botschaft zusammendichten, die Teams werden schnell vergessen und auf einzelne Individuen wird nicht eingegangen. Dies ist ein Fehler, denn so verliert man die Mitarbeitenden – und beeinflusst dadurch womöglich unbewusst ihre Retention.

> **In einem (Veränderungs-)Projekt sind** *Stakeholder* **die Menschen in der Organisation, die von einem Projekt oder einer Veränderungsinitiative betroffen sind und deren Arbeit beeinflusst wird. Beim Stakeholdermanagement geht es darum, die verschiedenen Interessen aller Beteiligten zu kennen, um die Projektziele mit ihnen in Einklang zu bringen.**

Kommunikation klingt einfach, ist aber durchaus komplex. Auch Mitarbeitende ohne eigene Firmen-E-Mail-Adresse oder Telefonnummer brauchen einen Informationsfluss zur Managementebene. Es passiert schnell, dass genau diese Mitarbeitenden in der Kommunikation eines Unternehmens abgeschnitten oder vergessen werden. Aus dem einfachen Grund, dass sie kein eigenes Medium haben, über das sie Informationen abrufen können. Um an für sie relevante Informationen zu gelangen und effektiv arbeiten zu können, sind sie auf ihre Führungskräfte und Kolleginnen und Kollegen angewiesen. In einem schnellen, sich stetig verändernden Umfeld gibt es einige Formate, die sich für uns in der Praxis bewährt haben und die wir gerne empfehlen, um eine nachhaltige Kommunikation sicherzustellen:

- *Benennung von Kommunikationsbotschaftern und -botschafterinnen*: Auswahl und Schulung von zentralen Personen, deren Aufgabe es ist, Informationen an die Belegschaft weiterzugeben. Die Botschafter sind meist Führungskräfte und werden in der richtigen Kommunikation geschult.

- *Newsletter von der Geschäftsleitung*: Viele produzierende Betriebe haben kein eigenes Intranet, daher bietet es sich an, monatliche Newsletter von der Geschäftsleitung per E-Mail zu versenden und diese ausgedruckt an die Schwarzen Bretter in den Werken zu hängen. Dies fördert den Austausch von Informationen und die Bindung zum Unternehmen.

- *Regelmäßige Betriebsversammlungen in Präsenz*: Der Informationsaustausch in regelmäßigen Präsenzveranstaltungen mit der Geschäftsleitung ist sicherlich ein lang bewährtes Mittel und sollte als solches weiterhin gepflegt werden.

- *Voice of the People*: Hier kommt die Geschäftsleitung mit Personen aus allen Ebenen des Betriebs zusammen, um für 60 Minuten den Austausch mit der Belegschaft zu fördern.

Für die Vorbereitung aller Formate gilt es, die Perspektive der Blue-Collar-Mitarbeitenden im Betrieb einzunehmen. Es geht um Entscheidungen, die direkt oder indirekt ihren Arbeitsplatz beeinflussen. Es gilt, Ängste und Sorgen zu nehmen und das Gefühl zu vermitteln, dass alle Beschäftigten an wichtigen Entscheidungen teilhaben. Durch die Routine im Arbeitsalltag kann es passieren, dass, obwohl man täglich mehrere Stunden im Betrieb verbringt, die gefühlte Distanz zur Geschäftsführung, zum Team oder zu einzelnen Kolleginnen und Kollegen immer größer wird und man sich schwertut, sich (immer noch) mit dem Unternehmen zu identifizieren. Es kann helfen, gemeinsam über den *Sinn* zu sprechen.

Eines der stärksten Grundmotive für die Arbeit ist, zu verstehen, wozu man einen eigenen Beitrag leistet. Um dies sehen zu können, hilft es, das große Ganze zu verstehen. Wenn sich also der Unternehmenszweck ändert, Prioritäten sich verschieben und dies Implikationen für die Mitarbeitenden hat, können Führungskräfte mithilfe der folgenden Vorlage in den Dialog mit ihren Teams gehen.

Tool 26

Purpose-Dialog	
Welchen Job haben wir als Team?	Wofür arbeiten wir im Unternehmen?
Welchen Einfluss wollen wir im Unternehmen als Team genau nehmen?	Was brauchen wir als Team, um erfolgreich zu sein?

Board zur Gestaltung eines Purpose-Dialogs in Teams

Um dies umzusetzen, ist die Offenheit aller Teilnehmenden zentraler Bestandteil des Dialogs. Es geht nicht darum, bestimmte Ergebnisse zu erreichen, sondern darum, sich bewusst zu machen, warum man etwas im Betrieb tut und wie man Ziele erreicht. Daher braucht es eine vertrauenswürdige und einfühlsame Moderation. Zudem kann es helfen, dass den Mitarbeitenden freigestellt wird, ob sie Ergebnisse allein oder in Gruppen erarbeiten möchten. Dies kann eher intro- oder extravertierten Mitarbeitenden den Raum geben, den sie benötigen.

3. Partizipation – ein Gefühl der Zugehörigkeit und Mitbestimmung im Betrieb schaffen

Die konsequente Einbindung von Mitarbeitenden in Entscheidungsprozesse ist mit Abstand der größte Hebel, um Akzeptanz für jegliche Veränderung im Unternehmen zu schaffen. Gemeinsam getroffene Entscheidungen über neue Zielvorgaben, Arbeitsplanung oder Lohngestaltung werden in der Regel in der Belegschaft mehr akzeptiert als solche, die die Geschäftsleitung vorgibt. Je kleiner eine Organisation, desto einfacher ist es, jedem und jeder Einzelnen das Gefühl zu geben, dass die eigene Meinung und die eigenen Bedürfnisse von der Geschäftsführung gesehen und wertgeschätzt werden. Bei zunehmender Unternehmensgröße wird die Entscheidungsbeteiligung von Mitarbeitenden immer schwieriger. Erreicht ein Betrieb etwa eine Größe von mehr als 20 Beschäftigten, wird es nahezu unmöglich, alle Mitarbeitenden in Entscheidungsprozesse einzubeziehen, und die Gefahr wächst, dass Mitarbeiterinteressen und -bedürfnisse unberücksichtigt bleiben. Mitbestimmung,

Entfaltungsmöglichkeiten und Autonomie sind zentrale Aspekte einer guten Unternehmenskultur, die einen großen Einfluss auf die Art und Weise haben, wie im Betrieb zusammengearbeitet wird. Sie verändern die Kommunikation sowie das Verständnis für die eigene Arbeit aller Beschäftigten und führen dazu, dass Organisationsmitglieder ihre Fähigkeiten effektiver einsetzen.

Wenn Mitarbeitende die Gelegenheit haben, sich aktiv in Organisationsprozesse einbringen zu können, fördert das ihr unternehmerisches Denken. Sie fangen an, sich stärker mit ihrem Arbeitgeber zu identifizieren, sie treffen bessere Entscheidungen und akzeptieren auch eher die Entscheidungen, die die Führungsebene trifft. Doch ist eine solche Partizipation nicht einfach und oft auch gar nicht gewollt.

> **Mitarbeiterpartizipation** beschreibt die Teilhabe von Organisationsmitgliedern an Entscheidungen und Prozessen, die sie selbst betreffen. Partizipation kann im Unternehmenskontext auf vielfältige Art und Weise stattfinden. Die betriebliche Partizipation von Mitarbeitenden hat viele positive Auswirkungen und fördert die Arbeitsidentität, das Wohlbefinden sowie die Selbstwirksamkeit von Mitarbeitenden.

Hinzu kommt, dass Partizipation nicht zu jeder Unternehmenskultur passt. Gerade KMUs in der industriellen Fertigung boten lange Zeit ein sehr hierarchisch geprägtes Arbeitsumfeld. Was die Geschäftsführung beschlossen hatte, wurde umgesetzt. Viel Raum für Mitbestimmung gab es nicht. Mitarbeitende wurden eventuell auf einer kurzen Informationsveranstaltung, von der jeweiligen Führungskraft oder durch einen Aushang am Schwarzen Brett informiert. Heute funktioniert dieses Vorgehen nicht mehr und in vielen Belangen wird ein solcher Entscheidungsprozess Widerstände in der Organisation auslösen. Etablierte Strukturen und Prozesse müssen überdacht werden. Was nicht bedeutet, dass in der heutigen Arbeitswelt Mitarbeitende bei jeder Entscheidung gleichberechtigt Einfluss nehmen sollten. Das Ausmaß, in dem Beschäftigte betriebliche Entscheidungen beeinflussen können, ist in der folgenden Abbildung dargestellt:

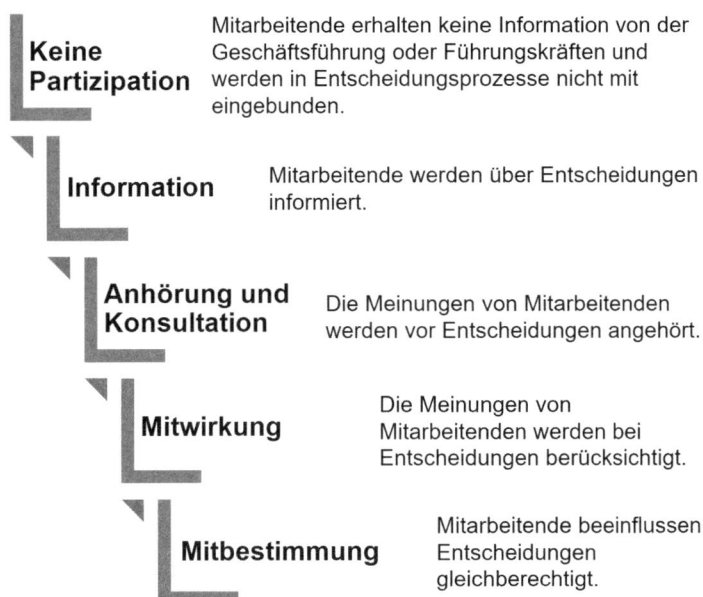

Verschiedene Stufen der betrieblichen Partizipation

Bei partizipativen Prozessen ist der Koordinationsaufwand größer als bei Top-down-Entscheidungen. Daher sollte man im Vorfeld analysieren, inwieweit der Aufwand, der mit einem partizipativen Entscheidungsprozess einhergeht, im Verhältnis zum Nutzen steht. Nicht für jede Entscheidung lohnt es sich, Mitarbeitende einzubinden. Viele unterschiedliche Meinungen können vermeintlich simple Entscheidungen ausbremsen. Zudem entsteht bei der Belegschaft eine Erwartungshaltung, dass die geäußerten Meinungen auch berücksichtigt werden. Denn wer nach seiner Meinung gefragt wird, möchte auch, dass sie bei der Entscheidungsfindung eine Rolle spielt.

Durch Mitarbeiterpartizipation werden bisher vorherrschende Führungsmuster auf den Prüfstand gestellt. Die Rolle von Führungskräften im Unternehmen verändert sich. Mit einer höheren Selbstverwaltung geht ein Machtverlust von Führungskräften und Geschäftsführung einher – gewohnte Managementinstrumente wie Leistungskontrollen oder leistungsabhängige Vergütung verlieren an Wirksamkeit und werden durch Autonomie der Belegschaft und Mitbestimmung ersetzt. Zu Beginn kann dieser gefühlte Kontrollverlust für Führungskräfte ungewohnt sein. Partizipative Maßnahmen sollten daher behutsam eingeführt werden. Auch die Belegschaft können neue Partizipationsmöglichkeiten zunächst überfordern und Frustration auslösen. Insbesondere dann, wenn es bisher keine Entscheidungsautonomie im Unternehmen gab. Wenn Mitarbeitende mehr Verantwortung übernehmen sollen und größere Handlungsspielräume bekommen, spielt ihr Empowerment eine wichtige Rolle. Sie müssen durch gezielte Kommunikation immer wieder dazu ermutigt werden, sich einzubringen. Mitarbeiterpartizipation in Betrieben zu etablieren, ist ein Entwicklungsprozess.

Tool 27

Wir haben im Folgenden Beispiele aus der Praxis aufgeführt, die den Entwicklungsprozess aller Organisationsmitglieder zu mehr Partizipation unterstützen können:

- **Veränderungen des Hierarchieverständnisses**
    In festgefahrenen Organisationsstrukturen spielen klare Hierarchien oft die übergeordnete Rolle. Im Rahmen der partizipativen Organisationsgestaltung ist es relevant, diese Hierarchieebenen aufzubrechen. Wie schafft man das? Wir empfehlen, interaktive Elemente einzuführen, etwa bei Betriebsversammlungen (wie beispielsweise eine anonyme On-time-Abfrage zu bestimmten Themen, bei der die Ergebnisse live geteilt werden, etwa über *Mentimeter*). Auch bietet sich ein anonymer digitaler Briefkasten an, also eine eigene E-Mail-Adresse, bei der Mitarbeitende (anonym) Feedback an die Personalabteilung oder die Geschäftsführung geben können. Es ist wichtig, Räume für direkte Kommunikation zwischen Management und Belegschaft zu öffnen. Da oft eine lang gelebte Hierarchie zwischen diesen beiden Ebenen wirkt, ist es ratsam, die Ebenen durch Anonymität zu reduzieren. So gewinnt man Vertrauen als Geschäftsleitung und über einen längeren Zeitraum werden sich die Mitarbeitenden automatisch aus der Anonymität wagen. Sie müssen nur erst lernen, dass sie offen und partizipativ kommunizieren dürfen.

- **Die Bedeutung der/des Einzelnen aktiv sichtbar machen**
  Jeder spielt eine aktive Rolle in einer Organisation und kann in seiner Tätigkeit positiven Einfluss auf die Geschäftsentwicklung, das Miteinander oder andere Teilbereiche haben. Um diese Form der Partizipation zu veranschaulichen, haben wir gute Erfahrungen mit einer Initiative gemacht, in der Mitarbeitenden eine besondere Form der Wertschätzung zuteilwird. Wir nennen diese Initiative »Wahl des Gamechangers des Monats«. Jeden Monat wird dabei der gesamten Belegschaft die Möglichkeit gegeben, unter Angabe eines Grundes einen Kollegen oder eine Kollegin für diesen Award zu nominieren. Anders als bei den bekannten »Mitarbeitender des Monats«-Wahlen geht es hierbei nicht nur um die Bewertung der Leistung. Es sind auch menschliche und soziale Begründungen möglich. Der ausgezeichnete Gamechanger wird der Geschäftsleitung offen genannt, er erfährt eine kleine Geste der Wertschätzung (beispielsweise einen Gutschein) und vor allem werden die Gründe für seine Nominierung offen (und anonymisiert) mitgeteilt. Dies hat nicht nur einen positiven Einfluss auf die Unternehmenskultur, weil hier Wertschätzung gelebt wird, sondern vermittelt den Beschäftigten, dass sie eine wichtige Rolle für die gesamte Unternehmung spielen.

- **Durch wertschätzende Kommunikation Erwartungen managen**
  Wenn die gesamte Belegschaft, einzelne Teams oder bestimmte Organisationsmitglieder in Entscheidungsprozesse einbezogen oder nach ihrer Meinung zu gewissen Themen gefragt werden, dann entsteht schnell eine Erwartungshaltung. Wenn jemand seine eigene Meinung zu einem Thema preisgibt und sich öffnet, dann möchte er auch, dass das Gegenüber darauf eingeht und sie in Entscheidungen einbezieht. Einer der größten Stolpersteine bei Mitarbeiterumfragen ist beispielsweise, dass die Ergebnisse in den Schreibtischschubladen der Personalabteilung oder der Geschäftsführung verschwinden. Misstrauen und Frust kommen auf. Natürlich ist es immer ein Abwägen, wie offen im Unternehmen negative

Ergebnisse oder Kritik angesprochen werden. Aus unserer Erfahrung lässt sich sagen, dass sich eine mutige Kommunikation auszahlt und Entscheidungen eine höhere Akzeptanz finden, wenn vorher wertschätzend die (kritische) Meinung von Mitarbeitenden thematisiert wurde.

Partizipation kann dazu führen, dass viele Ideen aufkommen, die dann ungefiltert in Teams oder die Organisation getragen werden. Zunächst ist dies ein gutes Zeichen. Mitarbeitende wollen an Entscheidungen teilhaben und übernehmen Verantwortung. Doch wenn zu viele Themen und Ideen im Raum sind, kann schnell der Überblick verloren gehen. In diesem Fall ist es hilfreich, ein Prio-Board zu nutzen. Es verhindert, dass Teams zu optimistisch sind und zu viele Dinge gleichzeitig angehen. Es hilft dabei, Entscheidungen zu treffen und Prioritäten zu setzen, die für alle Teammitglieder transparent sind.

Tool 28

Prio-Board	
Priorität A	Backlog: ▪ XXXX
Priorität B	▪ XXXX ▪ XXXX
Priorität C	▪ XXXX

Board zur Priorisierung von Aufgaben im Team

Wenn ein Team mit dem Prio-Board arbeitet, sollte darauf geachtet werden, dass auf dem Board lediglich drei Prioritäten stehen dürfen, die keine Routineaufgaben sind. Welche das sind, entscheidet das Team. Im Backlog-Bereich können alle Teammitglieder Aufgaben eintragen. Für alle Aufgaben muss es einen klar definierten Zeitrahmen (weniger als vier Wochen) geben. Das Board muss aktuell gehalten werden – am besten im Rahmen eines wöchentlichen Teammeetings. Die erfolgreich bearbeiteten Aufgaben können gesammelt werden, so hat man am Jahresende eine Übersicht davon, was das Team erreicht hat.

Mit niedrigschwelligen Angeboten kann man also als Unternehmen die wahrgenommene Partizipation fördern. Es ist immer ein schmaler Grat, an welchen Stellen man aktiv die Mitbestimmung einfordert. Dies ist ein Prozess, der im Unternehmenskontext von allen Beteiligten erlernt werden muss. Fehler sind erlaubt, man muss austesten, wie viele Freiheitsgrade man in die Organisation geben kann. Hier hilft es, wenn der Betrieb eine Kultur der psychologischen Sicherheit lebt (siehe Abschnitt 3.4). Sicherlich spielt auch die Größe der Organisation eine Rolle. Ein Weg ganz ohne Partizipation ist nur schwer denkbar, denn die alten Hierarchie- und Entscheidungsmodelle haben sich mit den neuen Bedürfnissen und Anforderungen von Beschäftigten überholt. Sie wollen aktiv mitwirken, diesen Spielraum sollte man unbedingt geben. Die Grenzen muss die Führung allerdings auch festlegen.

Tool 29

4. Flexibilisierung – mehr als ein netter Benefit für Mitarbeitende

Individualisierung ist einer der gesamtgesellschaftlich dominierenden Trends des 21. Jahrhunderts. Da war es nur eine Frage der Zeit, dass die Ausdifferenzierung von Lebenskonzepten und Vorstellungen über Karriere die Personalarbeit in der Produktion beeinflussen würde. Im Kern geht es um das Streben von Menschen nach Autonomie und Selbstbestimmung. Darum, Eigenverantwortung für die Ausgestaltung des eigenen Lebens zu übernehmen und mit alten Strukturen zu brechen. Jeden Tag ins Büro und dort neun Stunden verbringen? Heutzutage ist das kaum noch denkbar. Das war früher so, »vor Covid«. Seitdem haben wir alle gelernt, wie man aktiv und produktiv von zu Hause (oder dem Ort seiner Wahl) seiner Tätigkeit nachgehen kann – ohne Verlust an Produktivität oder Effizienz. Neue Arbeitsmodelle wurden geschaffen, so bieten viele Unternehmen ihren Mitarbeitenden nun *Workations* an, eine Mischung aus »work« und »vacation«, in denen die Beschäftigten frei an einem Ort ihrer Wahl arbeiten können und somit auch weiter entfernte Urlaubsziele vereinbar mit der Arbeit scheinen. Diese gewonnene Flexibilität ist unbezahlbar und macht viele Jobs deutlich attraktiver.

Doch wie lässt sich ein solcher Grad an Flexibilität mit den harten Schichten in Produktionsbetrieben vereinen? Mal eben *Workation* machen – das funktioniert hier nicht. Blue-Collar-Mitarbeitende können ihre Arbeit nicht mitnehmen, stehen im Alltag aber vor denselben Herausforderungen wie ihre Mitmenschen, die in anderen Branchen arbeiten. Sie haben auch den Anspruch, flexibler zu arbeiten, nicht nach klarer Schichtplanung, sondern mit einer gewissen Form von Eigenbestimmung. In den vergangenen Jahren ist die Erwartungshaltung an den Arbeitgeber vor allem hinsichtlich zeitlicher Autonomie stark gestiegen. Firmen in der industriellen Fertigung müssen eigene Lösungen finden, die zu ihren betrieblichen Rahmenbedingungen passen. Doch gibt es überhaupt Platz für mehr Flexibilität in einem Arbeitsumfeld wie der Produktion, in der Zeit essenziell ist?

Unsere Antwort lautet: Ja, die muss es geben. Flexible Arbeitsplanung gibt Beschäftigten die Möglichkeit zur freien Gestaltung ihres Privatlebens. Die Vereinbarkeit von Beruf, Familie und weiteren Lebensbereichen hat nicht zuletzt seit der Coronapandemie an Bedeutung gewonnen. Gerade jüngere Mitarbeitende entscheiden sich immer häufiger für mehr Freizeit. Die viel diskutierte Vier-Tage-Woche scheint bei vielen Menschen das neue Ideal zu sein. Um für Beschäftigte weiterhin ein attraktiver Arbeitgeber zu sein, müssen Unternehmen ihnen entgegenkommen und neue Lösungen finden. Auch hier geht es um Retention: Wenn sich Beschäftigte von ihrem Arbeitgeber unterstützt fühlen, werden sie sich im Gegenzug verpflichtet fühlen, einen positiven Mehrwert für das Unternehmen zu schaffen. Durch bewusst ausgewählte Flexibilisierungslösungen lässt sich demnach nicht nur die Produktivität durch höheres Engagement steigern, Mitarbeitende sind zufriedener, gesünder und haben insgesamt eine bessere Work-Life-Balance – alles wichtige KPIs.

Doch nicht nur für die Belegschaft kann die Flexibilisierung der Arbeit ein echter Vorteil sein. Arbeitgeber können genauso von ihr profitieren. Die zunehmende Volatilität der Märkte zwingt Unternehmen dazu, flexibel auf Schwankungen in ihrem Umfeld zu reagieren. Die Vorlaufzeiten, in denen Firmen planen, werden immer kürzer. Flexibilität in der Planung ist kein »Nice to have« mehr, sondern muss ein fest einkalkulierter Bestandteil sein. Richtig genutzt ist die Flexibilisierung von Arbeit eine echte Chance für Betriebe und ihre Mitarbeitenden.

Doch was bedeutet dies nun für die Praxis? Wir sind realistisch: Die wenigsten Betriebe können es sich leisten, die Vier-Tage-Woche bei vollem Lohnausgleich einzuführen. Es gibt tarifliche und arbeitszeitrechtliche Bedingungen, die bei der Einführung von flexibleren Schichtmodellen berücksichtigt werden müssen. So darf beispielsweise in Deutschland die Zehn-Stunden-Marke pro Arbeitstag nicht übertroffen werden und dazu zählt auch die gesetzlich vorgeschriebene Pausenzeit. Wie könnte man also vorgehen, um den Wunsch nach Flexibilität zu bedienen?

Wir haben es selbst erlebt: Mitarbeitende im Schichtdienst wünschen sich einen Nachmittag pro Woche frei, damit sie zum Fußballtraining gehen können. Andere wünschen sich, dass die unterschiedlichen Schichtmodelle flexibler gestaltet werden. Viele Unternehmen mit produzierendem Betrieb organisieren sich in zwei bis drei Schichten, um die Kapazitätsauslastung an den Maschinen maximal hochzuhalten. Frühschicht, Spätschicht und Nachtschicht – klar festgelegte zeitliche Rahmen, in denen die Mitarbeitenden aktiv im Betrieb agieren müssen, damit die Produktion läuft. Es gibt kaum Spielraum, die Pausenzeiten sind fest definiert. Mit der zunehmenden Automatisierung von Produktionsabläufen wird es sicherlich in den kommenden Jahren einige Veränderungen hinsichtlich der benötigten Kapazitäten geben, jedoch wird es immer der menschlichen Unterstützung bedürfen, die Maschinen für automatisierte Produktionsabläufe vorzubereiten. Wie eingangs beschrieben, passt das Drei-Schichten-Modell nicht mehr in Gänze zu den Bedürfnissen der Mitarbeitenden. Dann und wann spontan die Schicht mit einem Kollegen zu tauschen, ist denkbar und sicherlich machbar, aber richtig frei und flexibel ist dies nicht. Was können also Unternehmen anbieten, um einen gewissen Rahmen der Flexibilität zu erreichen? Ein paar Beispiele:

- Einführung der Vier-Tage-Woche mit zehn Stunden am Tag und Ausgleichstag für fehlende Stunden an einem Freitag und/oder Samstag im Monat
- zwei halbe Schichten in der Woche mit Stundenausgleich an einem Samstag im Monat
- Einführung einer mittleren Schicht, um die Arbeitszeiten flexibler zu gestalten

Dies sind Optionen, die auf der 40-Stunden-Woche fußen. Im Denkmuster von New Work und dem damit verbundenen Willen zur Mitbestimmung von Mitarbeitenden finden wir die größtmögliche Transparenz am sinnvollsten: Hier macht die Geschäftsführung zu Beginn jeder Woche transparent, welche Produktionsziele in dieser Woche erreicht werden sollen. Werden die Ziele erreicht, dann gibt es den Freitag frei. Zum vollen Lohnausgleich.

Unser Fazit

Mitarbeitende zu finden, ist schwer, Mitarbeitende zu halten, noch viel mehr. Ohne eine ganzheitlich implementierte Strategie zur Mitarbeiterbindung werden Unternehmen langfristig mit hohen Kosten der Fluktuation rechnen müssen. Daher ist es unabdingbar, dass sich Unternehmen mit der Verbindung zu ihren Mitarbeitenden beschäftigen. Emotional verbundene, geförderte und gut geführte Mitarbeitende werden ein Unternehmen auch nicht für ein höheres Gehalt verlassen. Oft glaubt man, die Antwort auf die Frage, wieso jemand gekündigt hat, sei, dass dieser sicherlich woanders ein höheres Gehalt bekomme. Doch dies ist ein Trugschluss: Zufriedene Arbeitnehmer und Arbeitnehmerinnen lassen sich nicht mit monetären Anreizen locken. Das ist nur ein Hygienefaktor, jedoch kein erklärender motivationaler Faktor: Ein schlechtes Gehalt demotiviert, aber ein gutes motiviert nicht, dazu bedarf es mehr. Ein Arbeitgeber muss sich heutzutage viel Mühe geben, attraktiv aufgestellt zu sein. Über die vier erläuterten wesentlichen Faktoren (Leadership, Kommunikation, Partizipation und Flexibilisierung) lässt sich einiges positiv beeinflussen. Dies ist der wahre Kern von Personalarbeit. Sobald neue Talente gewonnen werden, sollte ihre Bindung zum Unternehmen im vollen Fokus stehen. Dieser Schritt ist einer der wesentlichsten im Employee Lifecycle, denn hier entscheidet sich, wer langfristig als Arbeitgeber attraktiv für die jetzigen und die kommenden Generationen ist.

3.6 Phase 6: Offboarding – das Band fürs Leben knüpfen

»Ich wollte nur kurz meine Schlüsselkarte abgeben, heute ist ja mein letzter Tag«, sagt Hanno, als er die Personalabteilung betritt. »Heute schon?«, fragt die Auszubildende ihn verblüfft. »Das ging ja schnell. Ja, die Karte kannst du einfach mir geben. Ich wünsch dir alles Gute.« Und so steht er da, hilflos und verwundert, dass dies nun der letzte Akt seiner Tätigkeit für das Unternehmen ist. Mehr als ein Jahrzehnt lang war er jeden Tag hier, hat Trainingsprogramme für die fachliche Ausbildung der Azubis entwickelt und hat so viele Überstunden angesammelt, dass er nun ganze vier Wochen freihaben würde. Er muss zugeben, er ist durchaus enttäuscht, wie wenig sich die Firma offenbar darum kümmert, dass er nun weggeht. Sein Werksleiter hat in den vergangenen Wochen kaum noch mit ihm geredet. Er fühlt sich seit seiner Kündigung geradezu verstoßen. Ein Gefühl, das ihn in seiner Entscheidung nur noch bestätigt. Er kann es kaum erwarten, endlich raus zu sein. Freizuhaben. Nicht mehr mit den Kollegen, die jetzt ehemalige sind, konfrontiert zu sein. »Nein«, denkt er, »das habe ich schon alles richtig gemacht. Hier wurde ich ja offenbar nie wirklich geschätzt.« Er verabschiedet sich formlos von der Personal-Azubine und geht hinaus. Die Treppe hinunter und aus dem Werk. Niemanden schaut er mehr an und ist froh, als er im Auto auf dem Weg nach Hause sitzt. Das Kapitel ist für immer beendet.

Kündigungen sind immer emotional. Sowohl für den Arbeitnehmer oder die Arbeitnehmerin als auch für den Arbeitgeber. Beschäftigte werden sich sehr gründliche Gedanken gemacht haben, wieso sie nicht mehr Teil des Unternehmens sein möchten. Gerade lange im Unternehmen tätige Mitarbeitende verlassen mit einer Kündigung nicht nur den Arbeitsplatz, sondern auch ein wichtiges soziales Netz. Kolleginnen und Kollegen, mit denen man täglich mehrere Stunden verbracht hat, mit denen man zusammen durch berufliche und persönliche Krisen gegangen ist und die man teilweise öfter gesehen hat als seine eigene Familie – diese verlässt man und man begibt sich bewusst in ein unbekanntes

Abenteuer. Denn man kann nie wissen, wie es im neuen Unternehmen aussieht, bis man nicht selbst aktiv in diesem System arbeitet. Es gibt unbekannte, informelle Regeln zu lernen, die Netzwerke zu verstehen und aufzubauen und sich erneut seine Position zu erarbeiten. Eine Kündigung kann befreiend wirken, aber sie löst definitiv auch Zweifel aus. Fast jeder kennt es: Kaum hat man eine Entscheidung getroffen, schon findet man die ursächlichen Gründe dafür gar nicht mehr so schlimm. Hat man sich in der Vergangenheit noch so oft und so sehr über eine bestimmte Sache geärgert, trennt man sich dann bewusst davon, scheint dies alles gar nicht mehr so schlimm gewesen zu sein. Mitarbeitende, die kündigen, sind nicht eiskalt und rational, sie werden von Emotionen geleitet und diese gilt es, als Arbeitgeber aufzufangen. Denn auch jemand, der gekündigt hat, könnte irgendwann zurückkehren. Daher heißt es: Die Tür niemals verschließen, sondern immer offen halten und den Offboarding-Prozess respektvoll und wertschätzend gestalten. Und zu guter Letzt: In Kontakt bleiben. Denn durch eine offene Tür kann man immer gehen.

Wir wollen uns in diesem Abschnitt dem letzten Schritt im Employee Lifecycle nähern: dem Offboarding. Wir wollen erklären, warum dieser Prozess von elementarer Bedeutung ist, und Hilfsmittel vorstellen, diesen zu professionalisieren.

> Als *Offboarding* oder Exit-Management bezeichnet man den professionell organisierten Austritt eines oder einer Mitarbeitenden aus dem Unternehmen. Ziel ist es, eine positive Atmosphäre für den oder die Ausscheidende(n) zu schaffen. Der Fokus liegt darauf, dass der/die Mitarbeitende einen positiven letzten Eindruck des Unternehmens mitnimmt. Inhaltlich wird zwischen zwei Arten des Offboardings unterschieden: dem technischen beziehungsweise systematischen Prozess und dem sozio-emotionalen Prozess in Form eines Austrittsinterviews. Arbeitgeber sollten diesen Prozess reibungslos und wertschätzend gestalten.

Standards helfen gegen Emotionen

Das Eingangsbeispiel verdeutlicht sicherlich auf eine sehr drastische Art und Weise, wie man es als Unternehmen nicht machen sollte. Der Arbeitgeber lässt einen langjährigen und verdienten Mitarbeiter ziehen, ohne diesem respektvoll zu begegnen. Hanno ist wegen des Umgangs froh, dass er aus dem Unternehmen ausgetreten ist, und wird sicherlich mit keinem guten Eindruck auf diese Zeit zurückschauen. Schlimmer noch: Er könnte seiner Familie, seinem Freundes- und Bekanntenkreis oder sogar (ehemaligen und zukünftigen) Kolleginnen und Kollegen von seiner negativen Erfahrung berichten und somit dem Ruf des Unternehmens langfristig schaden. Ein gut ausgeführter Offboarding-Prozess arbeitet aktiv dagegen und zahlt somit auch auf die in Abschnitt 3.2 beschriebe Employer Brand ein. In kleinen und mittleren Unternehmen gibt es selten klare Prozesse und Schulungen zum Offboarding. Oft werden arbeitnehmerseitige Kündigungen mit Emotionen vermengt, die hier nicht hingehören. Besonders schwer ist es für ein Unternehmen, wenn ein Mitarbeiter kündigt, den das Unternehmen hatte halten wollen. Die Kündigung eines Teammitglieds bedeutet Unsicherheit für alle, insbesondere für die direkten Kolleginnen und Kollegen. Sie wissen nicht, wer als Nächstes kommt und wie lange es dauert, die neue Person einzuarbeiten. Da kommt Offboarding häufig zu kurz – aus Zeitmangel oder weil es als unangenehme Aufgabe empfunden wird – vonseiten der Personalabteilung oder der Führung genauso wie seitens der Betroffenen. Dabei lohnt sich ein professioneller Offboarding-Prozess für beide Seiten. Die Gründe reichen von der sozialen Verantwortung des Unternehmens gegenüber den Mitarbeitenden über einen drohenden Reputationsschaden bis hin zur Vermeidung von Rechtsstreitigkeiten.

Wenn es einem Unternehmen gelingt, ausscheidenden Mitarbeitenden das Gefühl zu geben, dass deren Person und deren Arbeit weiterhin geschätzt werden, werden sie eher bereit sein, ihr Wissen weiterzugeben und eine saubere Übergabe und Dokumentation sicherzustellen. Im besten Fall sind die Übergabeprotokolle direkt digitalisiert, was das Onboarding der nachfolgenden Person erheblich erleichtert. Die digitalen Inhalte lassen sich einfach und schnell teilen, Wissenstransfer wird somit gesichert. Darüber hinaus sind ehemalige Mitarbeitende immer auch Botschafter des Unternehmens. Um einen Imageverlust zu vermeiden, ist es daher besonders wichtig, die genauen Gründe für die

Trennung herauszufinden und einer eventuell vorhandenen Unzufriedenheit nachzugehen. Dies wird auch dazu beitragen, unerwünschte Fluktuation in Zukunft zu verhindern oder zu verringern, und hat somit einen Einfluss auf das in Abschnitt 3.5 beschriebene Retention-Management.

Verlassen Mitarbeitende das Unternehmen unfreiwillig, ist das Konfliktpotenzial besonders hoch. In diesem Fall kann ein professionelles Offboarding, beispielsweise mit einer Outplacement-Beratung, helfen, einen Rechtsstreit vor Gericht zu vermeiden. Eine Outplacement-Beratung hilft ausscheidenden Mitarbeitenden professionell, auf dem Arbeitsmarkt eine neue Position zu finden, gibt ihnen Hilfestellung bei Bewerbungen und steht für alle möglichen Fragestellungen im Zusammenhang mit der Suche nach einem Arbeitsplatz zur Verfügung.

Ein professionell organisiertes Offboarding ist auch aus Datenschutzgründen wichtig. Fehlt ein klar definierter Prozess, kann eine unübersichtliche Lage hinsichtlich der ausgegebenen Arbeitsmittel entstehen. Es droht zudem die Gefahr, dass personenbezogene Daten, Know-how und Geschäftsgeheimnisse verloren gehen.

Dies gilt insbesondere dann, wenn der Austritt unerwartet oder durch eine fristlose Kündigung erfolgt. Schon im Onboarding sollte daher festgehalten werden, über welches Equipment sowie welche Zutritts- und Zugriffsrechte Mitarbeitende verfügen. Beim Austritt eines Teammitglieds ist es wichtig, dass alle Zugriffsrechte entzogen werden, die Rückgabe sämtlicher Hardware und gegebenenfalls auch des geschäftlich genutzten Smartphones erfolgt sowie keine Zugangs- und Zutrittsmöglichkeiten mehr bestehen. Hier spielt die Zeit eine entscheidende Rolle, denn sollte jemand beispielsweise nach einer fristlosen Kündigung durch bestehende Zugriffsrechte Inhalte auf dem Server löschen oder E-Mails mit rufschädigendem Inhalt an die Belegschaft oder sogar an Kunden schicken, ist dieser Schaden kaum mehr zu heilen.

Auch hier hilft eine standardisierte Checkliste für den Exit, damit sich alle Beteiligten auf die jeweils zu verantwortenden Prozessschritte einstellen können. In der folgenden Tabelle haben wir beispielhaft eine solche Checkliste skizziert:

Tool 30

#	
1	Kündigung schriftlich bestätigt?
2	Kommunikation ans Team (gemeinsam) und Absprachen zur Transition der Aufgaben?
3	Finanzabteilung (Buchhaltung) informiert (z. B. Auflösen von Rückstellungen etc.)?
4	Arbeitszeugnis vorbereitet und abgestimmt?
5	Check-ins zu Absicherung der Wissenstransfers organisiert?
6	Exit-Interview geführt (Personalabteilung)?
7	Planung letzter Tag (Abgabe von Firmeneigentum)?
8	Verabschiedung im Team und in der Organisation geplant sowie Kundenkommunikation vorbereitet?
9	Aufnahme in Alumni-Programm gesichert?

Checkliste: Ablauf für standardisierten Offboarding-Prozess

Der Offboarding-Prozess liegt in der Verantwortung der Personalabteilung. Sie hat die Aufgabe, sowohl die administrativen Abläufe als auch die sozio-emotionalen Komponenten des Offboardings zu begleiten. Von Relevanz ist hier besonders die Schulung der Führungskräfte. Diese sollten schon beim Kündigungseingang darauf vorbereitet sein, angemessen zu reagieren. Das ist deswegen so wichtig, weil in kleineren Unternehmen enge Bindungen zwischen Führungskraft und Mitarbeitenden entstehen und somit die Gefahr besteht, dass Kündigungen Emotionen hervorrufen, die diese nicht auslösen sollten (etwa, wenn man die Kündigung persönlich auf sich bezieht, anstatt sie in den größeren Kontext einzuordnen). Erfolgreiches Offboarding beginnt damit, dass man sich als Arbeitgeber für die Mitarbeitenden über neue Chancen freut. Immer sollte der Gedanke im Mittelpunkt stehen, dass ehemalige Mitarbeitende auch zukünftige sein können.

Wie oben in der Checkliste dargelegt, gibt es unterschiedliche Schritte, die in einen erfolgreichen Offboarding-Prozess integriert werden sollten. Neben den administrativen Tätigkeiten, wie zum Beispiel der Erstellung einer Kündigungsbestätigung oder des Arbeitszeugnisses, gibt es sozio-emotionale Komponenten, die im Zusammenspiel zwischen Personalabteilung, Führungskraft und Mitarbeitenden abgestimmt werden müssen: Wie sagen wir es dem Team? Wer gibt es bekannt? Existieren Beziehungen zu Kunden, die entsprechend eine Information erhalten sollten? Welche Gründe legen wir für die Kündigung offen (hier gilt natürlich: je transparenter, desto ehrlicher und authentischer für die gesamte Organisation)? Und sehr zentral: Wie stellen wir den Wissenstransfer her? Gerade der letzte Punkt ist nicht zu unterschätzen und daher wollen wir uns im Folgenden diesem ein wenig detaillierter widmen.

Wissenstransfer als mächtiges Werkzeug
In KMUs besteht die Gefahr, dass sich über die Zeit absolute Wissensträger in der Produktion etablieren. Das sind die Personen, die sich enormes Erfahrungswissen angeeignet haben. Diejenigen, die bei Problemen immer zuerst nach Lösungen gefragt werden. Diejenigen, die sich durch ihr Können und ihr Wissen einen besonderen Respekt in der Firma erarbeitet haben. Wenn diese kündigen, dann entsteht ein Wissensverlust, der sich nicht auffüllen lässt.

Nehmen wir an, dass Hanno aus dem Beispiel genau so eine Person war. Als langjähriger Produktionsmitarbeiter kennt er alle Maschinen, alle Herausforderungen, jede Innovation und er hat vor allem auch nahezu jedes Problem schon einmal erlebt und eventuell sogar selbst gelöst. Hanno ist jemand, zu dem alle gegangen sind, wenn sie gerade nicht weiterkamen, wenn eine Maschine heiß lief oder wenn Sorgen egal welcher Art bestanden. Und nun hat Hanno gekündigt und die Zeit nach seiner Kündigung war nicht besonders angenehm für ihn. Es scheint, als hätte er nicht einmal eine richtige Verabschiedung erhalten. Er hat das Unternehmen nun also verlassen – und hat sein ganzes Wissen mitgenommen. Von einer Sekunde auf die andere fehlt eine wichtige Säule des gesamten Produktionsbetriebs. Ob sich der Werksleiter darüber im Klaren war? Vielleicht ja, vielleicht nein. Das wahre

Ausmaß dieser Kündigung wird erst in den kommenden Wochen wirklich deutlich werden.

Wir haben dies schon erlebt: Wissensträger verlassen das Unternehmen und nehmen leider auch das wichtige Wissen mit. In KMUs gibt es wenige bis gar keine Standards, wie Wissen geteilt, transferiert oder abgespeichert werden kann. Dabei ist das eine sehr relevante unternehmerische Zielgröße: Je besser der Wissenstransfer läuft, desto sicherer kann sich das Unternehmen sein, dass auch bei unerwarteter Fluktuation oder Krankheit die Qualität der Produktion nicht in Gefahr steht.

Qualität ist eine sehr wichtige Komponente, die sogenannten *Costs of poor Quality (CopQ)*, also die Kosten schlechter Qualität, werden stets mit in die Unternehmenskennzahlen eingerechnet. Ist die Qualität eines Produkts gemindert, so hat dies nicht nur Auswirkungen auf die direkten Ergebnisse, sondern kann langfristig die Reputation schädigen und im Ernstfall sogar Kundenbeziehungen beenden. Daher sollte ein Unternehmen den Wissenstransfer nicht unterschätzen.

> Die *Costs of poor Quality* beschreiben den gesamten finanziellen Verlust, der einem Unternehmen durch die Bereitstellung von Produkten oder Dienstleistungen minderwertiger Art für die Kundschaft entsteht. Ohne Fehler und/oder Ausfälle vor Ort würde es diese Kosten nicht geben. Mängel, die auftreten, bevor das Produkt an die Kundschaft geliefert wird, sollten zu den Kosten des Herstellers hinzugerechnet werden. Ebenso sollten Mängel, die auftreten, nachdem Abnehmer das Produkt erhalten haben, zu den Kosten des Herstellers hinzugerechnet werden.

Es gibt nicht nur den Wissenstransfer, der kurzfristig von Bedeutung ist, weil Mitarbeitende kündigen, sondern dieser entsteht ebenso, wenn Mitarbeitende in Rente gehen. Wir wissen, dass eine große »Renteneintrittswelle« auf Deutschland zurollt, die Babyboomer werden sich in den kommenden Jahren alle nacheinander in die Rente verabschieden. Diese Generation an Beschäftigten zeichnet sich durch eine hohe fachliche Expertise aus und ist, wie schon beschrieben, sehr oft sehr lange mit hoher Loyalität an ein Unternehmen gebunden. Es ist also von elementarer Bedeutung, dass Unternehmen für diese Arbeitnehmergruppe strategisch Pläne entwickeln, wie sich deren Wissen transferieren lässt. Gerade im produzierenden Betrieb stellt diese Aufgabe einen Komplexitätsgrad dar: So haben die Mitarbeitenden ihr Wissen meist in den Köpfen oder zum Beispiel in ihren Fingern, wenn sie eine gewisse Geschicklichkeit für die Produktion von Teilen aufweisen müssen. Wie also kann man hier dem Wissensverlust und den damit verbundenen Folgen entgegentreten? Wir sehen drei Optionen, die wir im Folgenden näher betrachten wollen.

Tool 31

- **Succession-Management:** Eine strategische Nachfolgeplanung für Schlüsselpositionen im Betrieb ist eine absolut notwendige Bedingung für die Sicherstellung der gesamten Wertschöpfungskette in der Produktion und darüber hinaus. Hier geht es nicht nur darum, vorbereitet zu sein, wenn Mitarbeitende in Rente gehen, sondern auch auf kurzfristige Kündigungen. Diese Planung ist Kernelement von modernem Talentmanagement. Zunächst sollte ein Unternehmen die relevanten Positionen identifizieren, die für den Unternehmenserfolg von großer Bedeutung sind. Wurde hier früher eher nur auf die Führungspositionen geachtet, gilt es gerade im produzierenden Betrieb, diejenigen Personen ausfindig zu machen, ohne deren Wissen und Expertise die Produktionsabläufe gestört werden. Im nächsten Schritt wird analysiert, ob Fluktuationsgefahr besteht oder ein baldiger Renteneintritt bevorsteht. Anschließend werden im Rahmen des Talentmanagements im Talentpool des Unternehmens potenzielle Nachfolgende identifiziert, die mit Training und enger Begleitung in die Vakanz einsteigen könnten, sollte diese entstehen. Hier werden also gezielt Nachfolgerinnen und Nachfolger auf die Übernahme einer Position vorbereitet. Eine enge Zusammenarbeit zwischen den beiden betroffenen Mitarbeitenden wird forciert und in enger Abstimmung mit der Führungskraft werden Ziele, Aktionen und Meilensteine definiert.

Tool 32

- **Silo-Abbau:** Es ist ratsam, als Arbeitgeber offensiv gegen den Aufbau von Wissenssilos (Mitarbeitende hegen wichtiges Einzelwissen) zu arbeiten. Dabei empfehlen wir, dass Aufgaben in Teams oder Tandems bearbeitet werden, sodass Wissen automatisch geteilt wird. Je mehr Wissen sich auf mehrere Personen verteilt, umso besser. Gerade in der Produktion steckt das Wissen in den Erfahrungen der Mitarbeitenden zu vielfältigen Abläufen, daher hilft es hier, dass mehrere Mitarbeitende dieselbe Tätigkeit ausführen können und sich auch darüber austauschen.

Tool 33

- **Wissen dokumentieren:** Diese Form des Wissenstransfers ist sicherlich die umfassendste. Gerade in der Produktion ist es sehr schwer, Wissen aus den Köpfen der Menschen zu filtern. Wer kann schon wissen, dass ein Mitarbeiter beispielsweise immer 0,1 Millimeter weniger am Stahl gelassen hat, als es in der offiziellen Produktbeschreibung aufgeführt ist? Nun ist er weg und die Nachfolgenden stehen vor dem großen Problem, dass nichts mehr passt, wie es passen soll. Da wäre es hilfreich gewesen, wenn das Erfahrungswissen des Mitarbeiters, der das Unternehmen verlassen hat, dokumentiert worden wäre. Daher empfehlen wir, dass Expertinnen und Experten im Rahmen von Job Shadowing von Personen begleitet werden, die jeden Produktionsschritt dokumentieren und zu jedem Schritt Fragen stellen, um eine möglichst vollständige und komplexe Wissensdokumentation zu erstellen. Diese Dokumentation sollte alle drei Jahre auf den Prüfstand gestellt und natürlich digitalisiert werden. Es gibt einige Tools, die helfen, die Wissenstransferdokumentationen intuitiv verständlich und leicht zugänglich abzubilden.

Exit als Chance: Echtes Feedback zur kontinuierlichen Verbesserung nutzen

Nachdem die Kündigung eines oder einer Mitarbeitenden eingegangen ist, wird in der Personalabteilung der Offboarding-Prozess eingeleitet und idealerweise ein Austrittgespräch mit dem oder der Betroffenen durchgeführt. Für den Produktionsbereich können sie wichtige Einblicke liefern. Werden sie strukturiert geführt, etwa durch einen standardisierten Interviewprozess, sei es in Form von persönlichen Gesprächen, einem Fragebogen oder einer Kombination aus beidem, lassen sich wichtige Erkenntnisse für die Personalarbeit im Betrieb gewinnen. Für die Personalentwicklung ergibt sich die Möglichkeit, Muster in den freiwilligen Personalabgängen zu erkennen und konkrete Gründe für die Kündigungen zu identifizieren. Gibt es zum Beispiel in einer Abteilung wiederkehrend das Feedback, dass die Mitarbeitenden mit der Führung nicht einverstanden sind, ist dies ein Indikator, dass hier etwas grundlegend falsch läuft und geändert werden muss. Im Exit-Interview werden meist ehrlicher und offener Gründe für die eigene Unzufriedenheit geteilt, weil man sich nicht mehr vor den Folgen fürchtet.

Es gibt viele wirksame Ziele, Strategien und Vorgehensweisen, ein Exit-Interview so zu gestalten, dass ein möglichst genaues Bild des tatsächlichen Austrittsgrunds entsteht. Durch die Erkenntnisse aus den Austrittsinterviews lassen sich zum einen verborgene Chancen im Unternehmen aufdecken, zum anderen lässt sich zeigen, was im Unternehmen gerade nicht funktioniert oder was Mitarbeitenden gefehlt hat. Verlassen Mitarbeitende das Unternehmen, weil sie mit der Schichtplanung unzufrieden sind? Oder weil sie im Unternehmen keine Perspektive für berufliche oder persönliche Weiterentwicklung gesehen haben? Wird erwähnt, dass man mit der Führung nicht zufrieden war? Die Gründe, warum Mitarbeitende freiwillig ihre Anstellung kündigen, können vielfältig und häufig komplex sein.

Der Nutzen eines Exit-Interviews hängt stark davon ab, wie offen und ehrlich die interviewte Person während des Gesprächs ist. Im Austrittsgespräch sollen Mitarbeitende die Möglichkeit haben, ihre Gründe für die Kündigung zu erläutern und Rückmeldung über die persönliche Erfahrung mit dem Arbeitgeber zu geben. Durch das Setting, in dem das

Interview stattfindet, muss eine vertrauensvolle Atmosphäre geschaffen werden. Wenn ausscheidende Mitarbeitende Sorgen haben, dass sich das Gesagte beispielsweise negativ auf ihr Arbeitszeugnis oder Referenzen auswirkt, werden sie kaum die Wahrheit sagen. Daher ist es wichtig, dass Mitarbeitende die Einladung zur Teilnahme an einem Exit-Gespräch frühzeitig (etwa eine Woche vor dem Termin) erhalten und ihnen vorab mitgeteilt wird, welche Erwartungen hinter dem Gespräch liegen. Um einen Interessenskonflikt zu vermeiden, sollten Einladung und Durchführung des Interviews durch die Personalabteilung erfolgen und nicht durch die Führungskraft.

Ein wertschätzendes Interview im richtigen Kontext ist für Mitarbeitende einerseits wichtig, um abschließende organisatorische Fragen zu klären, die den letzten Arbeitstag, das Arbeitszeugnis oder die Rückgabe von Arbeitsmitteln betreffen. Eine weitere wesentliche Facette wird darüber hinaus häufig unterschätzt. Ein abschließendes Gespräch mit dem Arbeitgeber, vertreten durch die Personalabteilung, gibt Mitarbeitenden den Raum, wichtige Punkte bezüglich Zusammenarbeit, Führung, Arbeitsaufgabe oder Unternehmenskultur anzusprechen.

Es ist zudem eine gute Möglichkeit für den Betrieb, die Leistung von Mitarbeitenden persönlich im Gespräch wertzuschätzen. Das Exit-Interview ist das letzte formale Gespräch, das eine austretende Person mit ihrem Arbeitgeber führt, und kann die Art und Weise nachhaltig beeinflussen, wie der oder die Betroffene später über den Ex-Arbeitgeber in beruflichen und privaten Netzwerken sprechen wird. Wenn viele ehemalige Mitarbeitende positiv über einen Betrieb reden, hat dies langfristig betrachtet einen hilfreichen Einfluss auf die Employer Brand. Was für eine Reputation ein Betrieb auf dem Markt hat, ist ein entscheidender Faktor im Kampf um die Talente. Trennen sich Mitarbeitende mit einem positiven Gefühl von ihrem Arbeitgeber, werden sie ihn weiterhin unterstützen und zum Beispiel Stellenausschreibungen mit dem beruflichen und privaten Netzwerk teilen und das Unternehmen aktiv als Arbeitgeber weiterempfehlen.

Um mit ehemaligen Mitarbeitenden in Kontakt zu bleiben, kann es hilfreich sein, im Exit-Interview die privaten Kontaktdaten abzufragen und anzusprechen, ob die Betreffenden Teil des Ehemaligennetzwerkes des

Unternehmens werden wollen. Wieso so ein Netzwerk von Bedeutung ist, wollen wir im Folgenden erörtern.

Tool 34

Alumni-Management: Die Macht der Ehemaligen

Ein aktives Alumni-Management kann zur Beziehungspflege zwischen aktuellen Organisationsmitgliedern und ehemaligen Mitarbeitenden hilfreich sein. Bekannt aus dem universitären Umfeld, kann die Aufrechterhaltung eines guten und wertschätzenden Kontaktes zu ehemaligen Beschäftigten auch in KMUs in der industriellen Fertigung viele Vorteile mit sich bringen.

> *Alumni* sind ehemalige Mitglieder einer Organisation. Sie haben ein wertvolles Netzwerk von Kontakten und verfügen über relevantes Wissen. Somit sind sie eine wertvolle Ressource für ein Unternehmen. Durch ein strategisch gedachtes Alumni-Management können Unternehmen Möglichkeiten zu Networking und Erfahrungsaustausch mit ihren ehemaligen Mitarbeitenden nutzen.

Wenn man im Offboarding-Prozess die Tür nicht schließt und einen guten Kontakt zu den Alumni hält, beeinflusst man die Wahrscheinlichkeit, ehemalige Mitarbeitende zurückzugewinnen. Vor allem für Positionen, die schwer zu besetzen sind, kann es einen echten Unterschied machen, wenn sich Alumni außerhalb des Unternehmens zu Führungskräften oder Fachexperten entwickeln. Das Besondere bei der Anstellung von ehemaligen Mitarbeitenden ist, dass sie im direkten Vergleich mit anderen, neuen Beschäftigten weiterhin ein tiefes Verständnis für die Unternehmenskultur und die Arbeitsabläufe haben, sodass von Beginn an eine hohe kulturelle Passung zu erwarten ist. Der Talentpool, aus dem ein Unternehmen für diese Stellen schöpfen kann, wächst. Zum anderen sind Alumni Fürsprecher des Unternehmens, die eine große Glaubwürdigkeit mitbringen, wenn sie in ihrem eigenen beruflichen und privaten Netzwerk den Arbeitgeber weiterempfehlen (sogenannte

»Referrals«). Um einen Anreiz für ehemalige Mitarbeitende zu schaffen, kann die Ausweitung von Empfehlungsprogrammen wie »Mitarbeitende werben Mitarbeitende« auf Alumni, insbesondere bei schwierig zu besetzen Positionen, sinnvoll sein. Das Prinzip eines Alumni-Empfehlungsprogramms ähnelt dem für Mitarbeitende: Ehemalige Beschäftigte, die dem Unternehmen neue Mitarbeitende empfehlen, bekommen eine Geld- oder Sachprämie, sobald die Person eingestellt wird. Der Betrieb vergrößert somit über die Alumni-Multiplikatoren die Reichweite der Stellenausschreibungen.

Nicht nur für das Recruiting bringt der Kontakt zu den Alumni des Betriebes wichtige Vorteile. Auch für die Personal- und Organisationsentwicklung im Unternehmen können sie hilfreich sein. Durch den Austausch mit ehemaligen Mitarbeitenden werden neue Perspektiven ins Unternehmen gebracht, die für die Innovations- und Anpassungsfähigkeit wichtig sind. Alumni verfügen über Wissen, das für die Organisation auch weiterhin relevant ist.

Zudem können Einblicke in die Laufbahn ehemaliger Mitarbeitender dabei helfen, neue Karriereoptionen im eigenen Betrieb zu identifizieren. Mitarbeitende, die in Rente gegangen sind, können zu Mentoren für aktuelle Beschäftigte werden und ihre Erfahrung auch im Ruhestand weiterhin mit der bestehenden Belegschaft teilen. Sind ehemalige Mitarbeitende weiter Bestandteil der Organisation, beeinflusst das die Unternehmenskultur häufig positiv. Denn sowohl ehemalige wie aktuelle Mitarbeitende erfahren so Wertschätzung. Ein implizites Zeichen, dass es in der Beziehung zwischen Betrieb und Beschäftigten um mehr geht als den reinen Austausch von Arbeitsleistung gegen finanzielle oder materielle Vergütung.

Doch wie kann man ein gutes Verhältnis zu seinen ehemaligen Mitarbeitenden aufrechterhalten? In den allermeisten Betrieben ist nicht realistisch davon auszugehen, dass ein großes Budget für die Alumni zur Verfügung steht, mit dem man regelmäßig Sommerfeste oder Netzwerkveranstaltungen organisieren könnte. Wie schon im Onboarding-Abschnitt erwähnt, ist eine der großen Stärken von KMUs der persönliche Faktor, die Beziehungen untereinander. Daher sollte auch beim Alumni-Management auf die persönliche Ansprache Wert gelegt werden.

Eine Möglichkeit ist zum Beispiel, einen eigenen E-Mail-Newsletter für ehemalige Mitarbeitende aufzubauen. Eine verantwortliche Person im Unternehmen, etwa jemand aus der Geschäftsleitung, die als »Alumni-Sponsor« auftritt, versendet einmal im Quartal einen Newsletter an die ehemaligen Mitarbeitenden. Im Newsletter werden Alumni über wichtige Themen im Betrieb auf dem Laufenden gehalten, sie können über offene Positionen im Unternehmen informiert und zu Veranstaltungen eingeladen werden.

Alumni-Management ist sicherlich in KMUs nicht weit verbreitet, wir empfehlen aber, in das Engagement gegenüber ehemaligen Mitarbeitenden Zeit zu investieren. Ein solches Netzwerk bedarf der Pflege, daher sollte eine Person im Unternehmen mit dieser Aufgabe betraut werden. Neben dem Kontakthalten über Newsletter oder Einladungen zu Veranstaltungen ist diese Person auch zuständig für eingehende Anfragen. In großen Konzernen ist das Alumni-Management elementarer Teil der Personalarbeit, ein Muster, das mit wenig Investment auch von KMUs berücksichtigt werden sollte. Immer mit dem Ziel: Ehemalige Mitarbeitende können sehr schnell wieder zukünftige Mitarbeitende sein.

Unser Fazit
Abschied nehmen ist manchmal schwerer, als man denkt. Gerade in kleinen und mittelständischen Unternehmen können durch arbeitnehmerseitige Kündigungen Emotionen ausgelöst werden. So trennen sich Arbeitgeber und Beschäftigter nicht im Guten und auf beiden Seiten entsteht Enttäuschung. Verlierer in diesem Szenario ist das Unternehmen, denn wenn dieses es nicht schafft, die Verabschiedung wertschätzend und empathisch vorzunehmen, dann hat es langfristig mit einem negativen Einfluss auf seine Reputation zu rechnen. Und wie so oft in

diesem Buch erwähnt ist die wahrgenommene Reputation und Arbeitgeberattraktivität das A und O für die Mitarbeitenden von heute und von morgen. Wenn es hier hakt, dann wird man Probleme haben, neue Mitarbeitende zu finden, was wiederum enorme negative Einflüsse auf die Produktivität und die Ergebnisse hat. Daher gilt es, den Abschied von Mitarbeitenden professionell, standardisiert und empathisch zu gestalten. Oft wird dieser letzte Schritt im Employee Lifecycle außer Acht gelassen, jedoch sollte man nicht den Fehler machen, einen angemessenen Abschied zu unterschätzen. Denn auch ehemalige Mitarbeitende haben stets die Chance verdient, zum Unternehmen zurückzukehren. Daher empfehlen wir, die Tür immer offen zu lassen und den Kontakt zu halten. Ein Abschied bedeutet nicht unbedingt, dass es kein Wiedersehen gibt.

4. Die Veränderungen richtig umsetzen: Change-Management als Hebel

Das aktuelle Arbeitsumfeld ist von Veränderungen geprägt. Mitarbeitende fürchten um ihre Arbeitsplätze. Führungskräfte haben Angst, in immer komplexer werdenden Märkten den Anschluss zu verpassen. Unternehmen reagieren auf die neuen Bedingungen und stoßen Veränderungsprozesse und Strategieprojekte an. Doch um ein Unternehmen erfolgreich zu transformieren, müssen einige Faktoren zusammenspielen. Neben neuen Strukturen und Prozessen spielen auch die Organisationsmitglieder eine wichtige Rolle. Aufgrund der aktuellen Komplexität und Dringlichkeit können wir nicht darauf warten, dass Veränderungen im Unternehmen einfach so passieren, und auch nicht im aktuellen Status quo verharren.

Personalabteilungen spielen dabei eine wichtige Rolle, Organisationen im Wandel zu begleiten. In den vorherigen Kapiteln haben wir uns ausführlich damit auseinandergesetzt, wie sich eine Unternehmung verändern muss, um sich als attraktiver Arbeitgeber auf dem Markt zu präsentieren. Wir haben für KMUs herausgearbeitet, welche Stellschrauben gedreht werden müssen, um den Faktor Mensch in die Unternehmensstrategie einzubauen. Wir haben festgestellt, dass es viel Potenzial gibt, das sich heben lässt, wenn sich die Unternehmen Zeit nehmen, eine Personalstrategie zu entwickeln und diese in der gesamten Organisation auszurollen. Wir haben verdeutlicht, dass man ohne diese notwendigen Veränderungen den Anschluss an den Arbeitsmarkt und somit an den Wettbewerb verlieren wird, und zu guter Letzt haben wir betont, dass diese tiefgreifende Veränderung im Verständnis von gelebter Personalarbeit nur durch das Zusammenspiel aller Beteiligten funktionieren kann. Zusammenfassend lässt sich festhalten, dass wir einen grundlegenden Wandel gefordert haben, der mit vielen Veränderungen und neuen Verantwortlichkeiten einhergeht.

Veränderungsprozesse sind komplex und finden nicht von heute auf morgen »einfach so« statt. Aufgrund der Notwendigkeit und Vielschichtigkeit des Wandels können wir nicht ausschließlich auf Bottum-up-Veränderungen setzen und darauf warten, dass Wandel von Mitarbeitenden initiiert wird. Genauso wenig funktionieren reine Top-down-Prozesse, bei denen die Geschäftsleitung Entscheidungen trifft, die bei einzelnen Beschäftigten auf Unverständnis treffen und Widerstände auslösen. Es braucht ein Team, das sich der Transformation im Unternehmen annimmt und ganzheitliche Lösungen anbietet.

Veränderungen jeglicher Form lassen sich am besten durch ein gezieltes Veränderungsmanagement, das Change-Management, implementieren und begleiten. Wir empfehlen daher, gezielte Prozessschritte des Change-Managements mitzudenken, wenn man in einer Organisation tiefgreifende Veränderungen initiieren will.

Wir wollen uns in diesem Kapitel dem Thema Change-Management und dessen Bedeutung widmen und Tools vorstellen, die dabei unterstützen, den Employee Lifecycle in einem Unternehmen neu zu definieren und entsprechende Maßnahmen wirksam umzusetzen. Dies ist wichtig, damit die Veränderungen nicht nach kurzer Zeit verpuffen, sondern langfristig in die Kultur und das Verständnis aller eingebaut werden. Mitarbeitende in einem Produktionsbetrieb sind sehr feinfühlig, sie wollen auf eine Veränderungsreise mitgenommen werden und aktiv beteiligt sein. An dieser Stelle setzt Change-Management an und sichert so den gesamten Prozess ab.

4.1 Change-Management: Heiße Luft oder echter Hebel?

Unter Change-Management versteht man alle Aktivitäten, die sich mit der Gestaltung von Veränderungsprozessen beschäftigen – von der Ausgangssituation hin zu einem Zielzustand. Change-Management hat keinen fachlichen Inhalt, vielmehr werden organisationale und fachliche Projekte bei der Implementierung begleitet. Change-Management ist kein alleinstehendes Projekt und verfolgt das Ziel, den Wandel vom Ausgangszustand zum Zielzustand unter Berücksichtigung des Faktors Mensch optimal zu steuern. Der Begriff umfasst alle Ansätze eines gezielt gesteuerten, umfassenden organisationalen Wandels, die Teil des strategischen Managements sind und die die verschiedenen Interessen aller Stakeholder konstruktiv zusammenführen. Im Fokus steht meist die nachhaltige Veränderung der Arbeits- und Organisationsform. Change-Management bricht Gewohnheiten auf und fängt Emotionen auf, die Veränderungen auslösen.

Wer eine Veränderung in einem Unternehmen umsetzen will, der muss sich bewusst sein, dass diese ganzheitlich gedacht werden muss. Wenn man nur auf das Ergebnis fokussiert denkt und agiert, wird man die Veränderung nicht erfolgreich umsetzen können. Es gilt, die Routinen und die Handlungsmuster der Menschen innerhalb eines strukturierten Systems zu verändern, um den gewünschten Erfolg zu erhalten. In der folgenden Abbildung haben wir diesen Zusammenhang dargestellt.

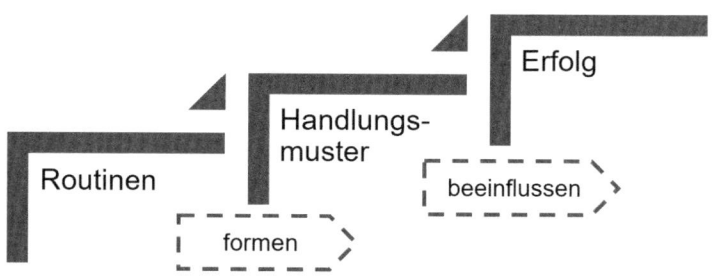

Stufen, die im Change-Management beachtet werden müssen

Change-Management verfolgt einen ganzheitlichen Ansatz, der menschenzentriert ist, um Veränderungen in einem Unternehmen optimal zu integrieren. Ein besonders relevanter Aspekt sind der Umgang mit und die Antizipation von Emotionen, die durch die Veränderungen ausgelöst werden.

Durch die Anpassung von alteingesessenen Strukturen entstehen Unsicherheit und Reibung in der Belegschaft. Wir haben in diesem Buch einige Initiativen und Maßnahmen zur Veränderung vorgestellt. Unter anderem, dass Führungskräfte mehr in die Verantwortung genommen werden müssen, wenn es darum geht, die Arbeitgeberattraktivität zu verbessern. Führung von gestern wird heute nicht mehr gut funktionieren. Doch was ist die Konsequenz aus einer solchen Veränderung?

Einerseits entsteht für Führungskräfte eine neue und komplett ungewohnte Situation. Sie sollen ihre Komfortzone verlassen, ihr eigenes Verhalten ändern und das Ganze auch noch vor den Augen ihrer eigenen Mitarbeitenden. Auch die Belegschaft muss sich auf diese Veränderungen einstellen: Wieso sagt die Chefin mir plötzlich nicht mehr genau, was ich zu tun habe? Darf ich diese Entscheidung wirklich allein treffen? Normalerweise würde ich mich bei so etwas immer absichern – was ist, wenn etwas schiefgeht? All dies sind Fragen und Unsicherheiten, die in der Belegschaft entstehen können, wenn die Führungskraft plötzlich nicht mehr wie bisher autokratisch führt. Um eine grundlegende Veränderung wie das Führungsverständnis zu forcieren, braucht es also mehr als die reine Entscheidung, dass anders geführt wird. Zunächst muss den Entscheidenden bewusst sein, welche Emotionen sie durch die Veränderungen wecken. Wird eine Forderung nach Veränderung neutral aufgefasst und emotionslos umgesetzt? Natürlich nicht. Daher ist es wichtig, die Phasen der Verarbeitung von Emotionen in Veränderungen zu verstehen.

Veränderungen treffen erfahrungsgemäß immer auf einen ähnlichen emotionalen Verarbeitungsweg. Ausgangspunkt ist ein *Schock*, der durch die bloße Ankündigung der Veränderung ausgelöst wird. Hier beginnen die Betroffenen, grundlegend zu hinterfragen, wieso diese Veränderung initiiert wird, was genau diese Veränderung für sie persönlich bedeuten wird und ob es daraus abgeleitete Indizien gibt, dass das bestehende Handlungsmuster falsch war oder ist. Darauf folgt die Phase der *Leugnung* und der *Abwehr*. Hier wird viel vom neuen Muster hinterfragt und sicherlich stets darauf hingewiesen, dass man früher ein anderes Muster benutzt hat (»Früher haben wir das immer anders gemacht.«) und dies ja auch erfolgreich war. Wieso sollte man etwas verändern, das gut funktioniert?

Nach dieser Phase kommt die *Resignation* bzw. die *Frustration*, verbunden mit der Erkenntnis, dass das Neue gekommen ist, um zu bleiben. Man kann noch so viel blockieren, mit der Blockade wird man die Veränderung nicht mehr aufhalten. An dieser Stelle ist die Leistungsfähigkeit der Einzelnen am niedrigsten und hier ist ein besonders sensibler Umgang gefordert. Nach diesem Tiefpunkt geht es wieder aufwärts, das altbewährte Muster wird innerlich verabschiedet, der Mensch öffnet sich dem Neuen und gewinnt Stück für Stück Selbstvertrauen im Umgang mit diesem. An dieser Stelle ist die Veränderung akzeptiert und wird integriert. In der folgenden Abbildung haben wir die Phasen im Verlauf zusammenfassend dargestellt.

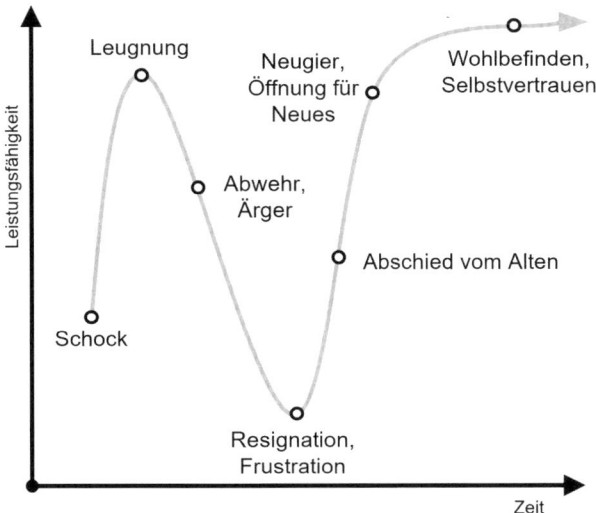

**Phasen der emotionalen Verarbeitung von Veränderungen
(eigene Darstellung nach Kübler-Ross, 2014)**

Führungskräfte sollten niemals die Emotionen im Rahmen von Veränderungen unterschätzen. Wir haben es selbst schon erlebt, dass vermeintlich kleinste Veränderungen riesige Wellen an Emotionen auslösen können. Beispielsweise hat schon die Anpassung eines Logos auf der Arbeitskleidung von Mitarbeitenden dafür gesorgt, dass großes Unverständnis und Empörung ausgelöst wurden. Mit einer minimalen Anpassung wie dieser sahen Mitarbeitende ihre Identifikation mit dem Unternehmen bedroht. Wie können wir diesen Emotionen begegnen? Zum einen mit der konsistenten Zusammenarbeit aller an der Entscheidung beteiligten Personen und zum anderen mit einer richtig aufgesetzten und abgestimmten Kommunikationsstrategie.

4.2 The best team wins

Die Bedeutung von Teamarbeit ist insbesondere bei der Projektarbeit wichtig. Egal ob es sich um ein Projekt für einen Kunden oder ein internes Projekt zur Weiterentwicklung der Produktion handelt – die Arbeit in Teams wird immer bedeutender. Wie wir in den vorherigen Kapiteln beschrieben haben, ist die von uns geforderte grundlegende Veränderung der Zusammenarbeit in einem Unternehmen nicht nur von einer Abteilung getrieben. Wir haben verdeutlicht, dass die Personalabteilung die Impulse setzen muss, aber ohne die Zusammenarbeit mit der Geschäftsleitung und den Führungskräften wird keine Veränderung Bestand haben.

Es ist daher unabdingbar, einzelne Silos im Betrieb aufzubrechen und einen gemeinsamen Teamgedanken über die kleinsten funktionellen Einheiten hinaus zu formulieren. Diese Entwicklung hin zur gemeinsamen Arbeit in abteilungsübergreifenden Teams erzeugt Veränderungsbedarfe, die durch Change-Management-Maßnahmen in den einzelnen Funktionsbereichen einzuordnen sind. Durch gezielte Entwicklung lassen sich Teams auf dem Weg hin zu einem gemeinsamen Wir-Gefühl begleiten. Den dahinterstehenden Prozess veranschaulicht das Phasenmodell von Bruce Tuckman (1965) [auf der nächsten Seite].

Es gibt insgesamt fünf Phasen, die ein Team während der Zusammenarbeit durchlaufen kann. Ob und wie schnell ein Team seine volle Leistungsfähigkeit erreichen wird, hängt von einigen Aspekten ab.

Tool 35

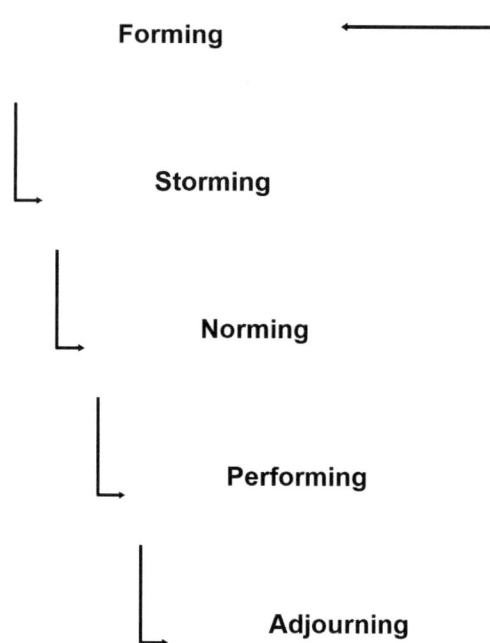

Teamentwicklungsphasen nach Tuckman (eigene Darstellung nach Tuckman, 1965)

Forming

Die erste Phase ist durch Unsicherheiten und eine im Vergleich geringe Produktivität gekennzeichnet. Es geht darum, die neue Situation und seine neue Rolle im Team kennen- und verstehen zu lernen. Was ist in dieser Phase wichtig?

- Klare, verständliche Kommunikation relevanter Informationen, die das Zielbild verdeutlichen. Hintergrundinformationen sind wichtig, um das Verständnis füreinander zu fördern.
- Es sollten ein gemeinsames Verständnis über die Rollenverteilung und Lösungsansätze für die Aufgabenverteilung entwickelt werden.

- Jedes Teammitglied sollte seine Erwartungen und Ziele klar benennen können.
- Sorgen und potenzielle Hürden, durch die Widerstände entstehen könnten, sind deutlich anzusprechen.

Wir beschreiben in diesem Buch einen großen Veränderungsprozess, der das Ziel verfolgt, die Arbeitgeberattraktivität von KMUs durch Ansätze von New-Work-Methoden und ein neues, menschenzentriertes Verständnis von Personalmanagement zu steigern. Allein dieses Projekt, also das klare Verändern von bestehenden Einstellungen, Methoden und Prozessen, bedarf der Begleitung. Wir erwarten nicht, dass sich die einzelnen Stakeholder eines Unternehmens automatisch für diese Veränderungen öffnen, sie werden sie sogar ablehnen, da sie den Sinn nicht erkennen. Jedoch ist es von großer Relevanz, dass für die Umsetzung einer solchen grundlegenden Veränderung unterschiedliche Abteilungen miteinander zusammenarbeiten. Hierbei führt die Personalabteilung ein Team, bestehend aus Personalern, Geschäftsführung und dem mittleren Management, zusammen. Glauben wir, dass in diesem Team sofort produktiv gearbeitet wird? Nein. Daher wollen wir gerne für jede Phase in diesem Teamprozess exemplarisch beschreiben, was das Zusammenarbeiten für die Teammitglieder bedeutet.

In unserem Ansatz eines neuen Verständnisses von übergreifender Personalarbeit mit dem Ziel, die Arbeitgeberattraktivität zu steigern, würden an dieser Stelle, der Forming-Phase, alle relevanten Stakeholder in einem gemeinsamen Termin von der Personalabteilung zusammengerufen. Dort würden die Mission sowie die Hintergründe für diese Entscheidung kommuniziert.

Storming
In der Streit- und Konfliktphase beginnen sich Teammitglieder für das neue Projekt zu engagieren. Interessensgegensätze werden deutlich, die Folge sind Diskussionen und Meinungsverschiedenheiten. Da die Rollen noch nicht klar sind, die die Einzelnen in einer neuen Struktur übernehmen, kann es zu Konflikten kommen. Das Arbeitspensum kann in dieser Phase hoch sein. Was ist in dieser Phase wichtig?

- Ein Gefühl der Gruppenzugehörigkeit ist zu etablieren.
- Das Arbeitspensum einzelner Teammitglieder muss im Blick behalten werden und ggf. ist gezielt für Arbeitsentlastung zu sorgen.
- Das gemeinsame Ziel gehört in den Fokus. Darauf ist immer wieder der Blick aller zu lenken.
- Teammitglieder sollten zur offenen Kommunikation und zu Feedback ermutigt werden. Die Meinung aller zählt.
- Konfliktmanagement: Konfrontationen müssen klar benannt und dürfen nicht auf einen späteren Zeitpunkt verschoben werden. Dort, wo es notwendig ist, sind Grenzen zu setzen.

Bezogen auf unser Beispiel erwarten wir hier Konflikte unter den Führungskräften, die offen ausgetragen werden. Diese erkennen, dass sie eine höhere Verantwortung und damit einhergehend mehr Arbeit haben werden, und daher sprechen sie sich gegen die geplanten Veränderungen aus. Auch erkennen sie einen Machtverlust, denn die Belegschaft soll ab sofort mehr partizipieren, mehr erfahren und mehr einbezogen werden als zuvor üblich. Das löst bei den Führungskräften Ängste aus, ob man sie in Zukunft überhaupt noch braucht.

Norming
Das Team findet langsam in den eigenen Rhythmus, Strukturen beginnen sichtbar zu werden und Teammitglieder fangen an, sich mit dem Team zu identifizieren. Die Leistungsfähigkeit baut sich langsam auf. Was ist in dieser Phase wichtig?

- Motivation und Zuversicht aller Teammitglieder sollten gefördert werden.
- Das Team übernimmt mehr und mehr selbst die Verantwortung und bringt sich inhaltlich ein.
- Die Zusammenarbeit sollte strukturiert werden, indem man Regeln und Rollen definiert und Aufgaben plant.

Dabei kann es helfen, sich bewusst Zeit zu nehmen und im Rahmen eines Teamworkshops »Spielregeln« für das gesamte Team festzulegen. Das folgende Template kann bei der Erarbeitung hilfreich sein:

Tool 36

Spielregeln für die Zusammenarbeit	
Erwartungen und Wünsche: Was sind unsere Erwartungen und Wünsche?	Vision für das Team: Was ist unsere Vision für das Team?
Förderliches: Was hilft uns bei der Zusammenarbeit?	Hinderliches: Was hindert uns bei der Zusammenarbeit?

Spielregeln der Zusammenarbeit

In unserem Beispiel haben in dieser Phase alle Seiten akzeptiert, dass es dem Unternehmenszweck dient, wenn man gemeinsam an der Arbeitgeberattraktivität arbeitet. Ängste wurden gelöst und die unterschiedlichen neuen Rollen angenommen.

Performing

In der Hochleistungsphase erreichen Teams ihren Peak hinsichtlich Produktivität und Effektivität. Das volle Potenzial kann ausgeschöpft werden. Arbeitsabläufe haben sich eingependelt und alle Teammitglieder sind motiviert, ihre Rolle auszufüllen und das gemeinsame Ziel zu erreichen. Was ist in dieser Phase wichtig?

- Es geht darum, ein optimales Umfeld für das Team zu schaffen. Notwendige Ressourcen (materiell und zeitlich) müssen bereitstehen.
- Um die Entwicklung der guten Mitglieder im Team sollte man sich rechtzeitig kümmern.
- Erste Erfolge müssen sichtbar gemacht und gemeinsam gefeiert werden.
- Das Ziel muss stets klar sein. Um das Ziel zu erreichen, wird der Kreativitätsrahmen erhöht. Die Teammitglieder nehmen eine neue Form der Selbstbestimmung wahr.

In unserem Beispiel kann es hier jetzt richtig losgehen: Alle Teammitglieder haben verstanden, dass die Arbeitgeberattraktivität *den* Unterschied machen wird. Nur so können die Arbeitsplätze für die Zukunft gesichert werden. Es darf kreativ werden und neue Ideen werden im geschützten Raum ausprobiert.

Adjourning

Nach Abschluss eines Projekts wird sich ein Team auflösen. Schon in der Zeit davor nimmt die Leistungsfähigkeit des Teams ab. Mitgliedern kann es mitunter schwerfallen, das Ende zu akzeptieren und wieder mit anderen Personen in der Organisation zusammenzuarbeiten. Vor allem dann, wenn sie im Projekt erfolgreich waren und die Gruppendynamik als positiv erlebt haben. Was ist in dieser Phase wichtig?

- Das Ende der Zusammenarbeit sollte vorbereitet werden und die Ergebnisse sind zu dokumentieren und zu archivieren.
- Das gemeinsam Erreichte sollte gefeiert werden. Die Leistung der Teammitglieder ist wertzuschätzen.
- Positive und negative Erfahrungen sollten reflektiert werden, um daraus Erkenntnisse für die zukünftige Zusammenarbeit zu gewinnen.
- Das Team bleibt bestehen und wird als Expertengremium in regelmäßigen Abständen in neue Entscheidungen mit einbezogen.

Schauen wir noch einmal auf unser Beispiel, dann haben wir in dieser Phase das Ziel erreicht. Es wurden im Unternehmen klare neue Standards geschaffen, die alle Phasen des Employee Lifecycles betreffen. Jedem ist klar, welche Rolle er in welcher Phase übernehmen soll, und die Kultur hat sich dahingehend verändert, dass der Mensch mehr im Fokus steht. Der Change ist in der Organisation, den Prozessen und Strukturen nachhaltig angekommen. Für die einzelnen Phasen des Employee Lifecycles werden stets und ständig weitere Veränderungen ausgerollt und ausprobiert, sodass sich das Change-Management ab sofort nur noch um Begleitung der kleineren Projekte kümmern muss.

Um Projekte zu begleiten, die eine konkrete Auswirkung auf ein Team haben, kann es hilfreich sein, im Rahmen eines Workshops den Umgang mit den Veränderungen im Team zu besprechen. Dabei kann das folgende Template helfen:

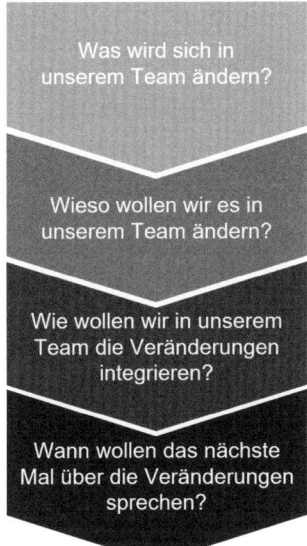

Canvas-Template zum Change-Management

4.3 Ohne Kommunikation ist alles nichts

Wie schon in Abschnitt 3.5 beschrieben, ist die Kommunikation in einem Unternehmen von zentraler Bedeutung. Einerseits, um die Verbindung von Mitarbeitenden zum Unternehmen herzustellen, andererseits, um durch Transparenz die benötigte Klarheit zu schaffen. Wir haben beschrieben, wie relevant es ist, dass Kommunikation gezielt gesteuert wird, ein gemeinsames Narrativ verwendet wird und die zentralen Key Messages jeden in derselben Form erreichen. Gerade in Zeiten von Veränderungen ist es wichtig, die Kommunikation zu forcieren. Wir haben es schon erlebt, dass Veränderungen in KMUs schnell für große

Unsicherheit sorgen. Diese Verunsicherung führt dann dazu, dass sich ein negativer Kreislauf öffnet, viel spekuliert wird und somit Gerüchte entstehen. Wenn beispielsweise eine Veränderung nicht klar genug argumentiert wird, dichten sich Mitarbeitende ihre eigenen Gründe dazu und sprechen darüber mit ihren Kolleginnen und Kollegen, und schon befindet man sich in einem Raum voller Spekulationen, die sich negativ auf die Kultur, das Miteinander und die Leistungsfähigkeit auswirken. Wir haben schon selbst erlebt, wie sich unsichere Organisationen an Gerüchten und Spekulationen festhalten, um dadurch irgendeine Form von vermeintlicher Sicherheit zu gewinnen. Gemeinsame Empörung kann eine Gruppe von Menschen zusammenschweißen. Eine Kultur des Misstrauens führt dazu, dass die Zusammenarbeit im Unternehmen anstrengend wird, Entscheidungsprozesse länger dauern und Veränderungsvorhaben ihr Ziel verfehlen. Wenn Mitarbeitende ihren Führungskräften und der Unternehmensführung vertrauen, dann gehen sie davon aus, dass die getroffenen Entscheidungen in Ordnung sind. Sie vertrauen darauf, dass die wichtigen und für sie relevanten Informationen kommuniziert wurden und nicht wieder »eine unsinnige Entscheidung« getroffen wurde, die ihren Arbeitsalltag nur noch schwerer macht, als er ohnehin schon ist.

Ohne Vertrauen geht es nicht
Der Grad, in dem die Belegschaft der Unternehmensführung vertraut, hat einen entscheidenden Einfluss darauf, inwieweit Spekulationen und Gerüchte im Unternehmen entstehen. Ein vertrauensvolles Betriebsklima bedeutet nicht, dass die Belegschaft die Entscheidungen der Geschäftsführung nicht hinterfragt, ganz im Gegenteil. Doch der Grad an Vertrauen oder eben auch an Misstrauen beeinflusst die Interpretation der Informationen entscheidend. In Extremfällen kann selbst eine transparente Kommunikation seitens der Geschäftsführung negativ gedeutet oder dieser unterstellt werden, dass das Geteilte noch nicht die ganze Wahrheit ist. Wenn Mitarbeitende ihren Kollegen und Kolleginnen, Führungskräften oder dem Management misstrauen, gewöhnen sie sich daran, ihr eigenes Tun abzusichern. Bei Fehlern sind schnell »alle anderen schuld« und bei Entscheidungen steht nicht mehr die eigentliche Sache im Fokus, sondern politische und taktische Erwägungen. Es entsteht viel bürokratische Arbeit, um alle wichtigen Arbeitsvor-

gänge zu dokumentieren. Es kommt zu direkten und indirekten Kosten durch vertane Arbeitszeit, Honorare für externe Berater, versäumte Innovationschancen. Zudem ist mit Folgeschäden durch ein schlechtes Betriebsklima zu rechnen. Fehlt erst einmal das Vertrauen im Unternehmen, bedarf es viel Zeit und Durchhaltevermögen, es wiederherzustellen. Der einzige Weg aus der Abwärtsspirale einer misstrauischen Unternehmenskultur ist, viele Ressourcen aufzuwenden, um das Vertrauen der Belegschaft wiederzugewinnen. Ein Prozess, der seine Zeit brauchen wird, sich aber auszahlt.

Das primäre Ziel sollte jedoch sein, bei Veränderungen diesen Raum des Misstrauens gar nicht erst zu öffnen und mit gezielten Kommunikationsmaßnahmen im Rahmen des begleiteten Change-Managements dagegen zu arbeiten. Sicherlich ist es oft ein Drahtseilakt, zu entscheiden, welche Information man mit der Belegschaft teilt und welche nicht. In Zeiten von Veränderungen ist es wichtig, zielgruppengerecht und empathisch zu kommunizieren. Im Mittelpunkt der Initialkommunikation steht die Frage des »Warum«, also die grundsätzliche Erklärung, wieso etwas verändert werden muss.

Gehen wir beispielsweise einmal von dem drastischen Beispiel aus, dass ein Betrieb aufgrund schlechter Ergebnisse eine Restrukturierung vornehmen muss. Ein sehr einschneidendes Erlebnis für die gesamte Belegschaft, verlieren die Mitarbeitenden doch von einem auf den anderen Tag Kolleginnen und Kollegen, müssen die Arbeit eventuell neu aufteilen und sind von der stetigen Unsicherheit verfolgt, dass es in Zukunft auch ihren Arbeitsplatz treffen könnte. Diese Form der Veränderung ist sicherlich die emotionalste, die ein Betrieb durchlaufen kann. Gerade hier ist es daher wichtig, dass sehr offen kommuniziert wird. *Warum* muss dieser Schritt gegangen werden? Hier hilft es, wenn mit Zahlen und Fakten argumentiert wird, um jeglichen Spielraum für Spekulationen zu schließen. *Wie* wird dieser Schritt gegangen? Ein klarer Anfangs- und Endpunkt müssen in die Kommunikation eingebaut werden. Wenn nicht öffentlich kommuniziert wird, dass die Aktion beendet ist, fürchten sich die Mitarbeitenden sicherlich massiv davor, ebenfalls in den kommenden Tagen oder Wochen ihren Arbeitsplatz zu verlieren. Je klarer die Kommunikation getrieben wird, desto besser. Das gilt auch für die Planung der Kommunikation. Alle beteiligten Stakeholder müssen vorab informiert und eine klare Struktur der Kommunikationsplanung muss geteilt werden. So wird sichergestellt, dass jeder weiß, was an Tag eins danach, an Tag zwei usw. in welcher Form von wem und wie kommuniziert wird. So verhindert man, dass Informationen streuen oder Falschmeldungen die Runde machen.

Eine betriebliche Veränderung ist natürlich die unternehmerische Entscheidung der Geschäftsleitung und kann nur top-down kommuniziert werden. Es gibt jedoch auch andere Veränderungen, in denen wir von der reinen Top-down-Kommunikation abraten. Hier gilt es, in den Dialog mit den Mitarbeitenden zu treten, um Akzeptanz zu schaffen und Blockaden aufzulösen. In der folgenden Tabelle haben wir die unterschiedlichen Methoden der Kommunikation im Change-Prozess abgebildet. Es gilt immer, zielgruppengerecht zu entscheiden, wie man Informationen transportiert und welche Methode angemessen ist.

Wissensorientierte Methoden **Legitimationsorientierte Methoden**	■ Townhall-Meetings / Betriebsversammlung ■ CEO-Letter ■ Führungskreise ■ Aushänge am Schwarzen Brett ■ Informationsunterlagen / -mappen ■ Newsletter ■ Intranet
Dialogorientierte Methoden **Partizipationsorientierte Methoden**	■ Mitarbeitergespräche ■ Surveys und Mitarbeiterbefragungen ■ Mitarbeiter- und Führungskräfte-Workshops ■ Multiplikatorenschulungen ■ Teambriefings ■ Projektberichte und Erfolgsstorys
Gemeinschaftsbildende Methoden	■ Klausurtagungen ■ Change-Foren (virtuell / real), World Café ■ Change-Storys

Unterschiedliche Methoden zur Kommunikation im Change-Prozess
(eigene Darstellung nach Ebert-Steinhübel, 2013)

Es ist davon auszugehen, dass dialog- und partizipationsorientierte sowie gemeinschaftsbildende Methoden in der Kommunikation von KMUs neu zu etablieren sind. Wir haben in Abschnitt 3.5 eine Reihe an Tools präsentiert, die helfen, den interdisziplinären Austausch zu fördern. Wir haben betont, dass diese Form des Miteinanders Teil des Aufbaus der emotionalen Bindung ist. Oft geht man in KMUs davon aus, dass Kommunikation »nebenbei passieren« kann. Dieser Annahme wollen wir hier ganz klar widersprechen: Kommunikation ist ein so essenzieller Teil von Veränderungen, dass sie strategisch geplant und professionell umgesetzt werden muss. Wie oft haben wir es erlebt, dass bei der Kommunikation auf die Personalabteilung gezeigt wird und die Führung davon ausgeht, dass »die das schon machen«. Ein Irrglaube, denn interne Kommunikation zu betreiben, muss gelernt sein. Um den Change kommunikativ zu begleiten, ist es daher sinnvoll, in den Aufbau einer Ressource für interne Kommunikation zu investieren. Diese ist an die Geschäftsführung und die Personalabteilung angedockt und kann somit die unterschiedlichen Kommunikationsstränge mit einer einfachen und zielgruppengerechten Sprache zusammenführen. So wird der Kommunikation eine Bedeutung zugemessen, die sie verdient. Sie ist damit Teil des kompletten Veränderungsprozesses.

Unser Fazit
Change ist hart, akzeptiere den Change – ein gängiger Satz im Rahmen von Veränderungsprozessen. Er zielt darauf, dass man sich gegenüber der Veränderung nicht widerstrebend verhalten soll. Je früher man diese akzeptiert, desto besser für den gesamten Change-Prozess. Um eine Organisation langfristig und erfolgreich zu transformieren, ist es wichtig, das gesamte Veränderungsmanagement ernst zu nehmen. Veränderungen geschehen nicht von selbst, eine Entscheidung umzusetzen, bedeutet viel Zeit, Arbeit und Kommunikation. Was mit früheren Mitarbeitergenerationen sicherlich einfacher ging, bedarf heutzutage mehr Fingerspitzengefühl. Mitarbeitende im produzierenden Gewerbe sind besonders feinfühlig, sie sind sehr stolz auf ihre Tätigkeit und bedürfen daher einer anderen Ansprache. Wer das erkannt hat und die Transformation gut begleitet, der wird einiges von der Belegschaft zurückbekommen: Engagement, Retention und Leistung.

5. Employee Lifecycle: An Bedeutung nicht zu unterschätzen

KMUs müssen ihre Arbeit menschenzentrierter aufstellen, um ihren Erfolg abzusichern. Wir sind der festen Überzeugung, dass dies nur gelingen kann, wenn man sich intensiv mit den einzelnen Phasen des Employee Lifecycles auseinandersetzt. Was bei großen Konzernen sicherlich schon Umsetzung findet, wird aufgrund der geringen Personalressourcen in KMUs wenig beachtet. Oft besteht die Personalabteilung aus wenigen Personen, die fachlich in einem Thema, wie zum Beispiel der Lohnabrechnung, geschult sind. Der holistische Blick auf strategische Personalarbeit wird dabei außen vor gelassen.

Wir wollen mit diesem Buch verdeutlichen, dass ohne ein strategisches Verständnis von Personalarbeit Unternehmen in der industriellen Fertigung vor große Herausforderungen gestellt werden. Wir haben es eingangs beschrieben: Der Fachkräftemangel, der Klimawandel, die Digitalisierung, der Einfluss von KI und so vieles mehr – all dies wird die Arbeitsrealität von morgen grundlegend verändern. Wer sich da noch mit Routinen von gestern begnügt, hat verloren.

Zentral ist für uns, dass sich Unternehmen mit den einzelnen Facetten des Employee Lifecycles auseinandersetzen. Viele würden es New-Work-Initiativen nennen, wir nennen es schlicht modernes Unternehmertum. Im Zentrum jeder Phase des Lifecycles steht die Maximierung der Arbeitgeberattraktivität. Diese zielt nicht nur darauf ab, neue Mitarbeitende zu gewinnen, sondern vor allem darauf, vorhandene zu binden. Daher ist es wichtig, mit individuell auf das Unternehmen abgestimmten Maßnahmen auf die tatsächlichen Bedürfnisse der Mitarbeitenden einzugehen.

Wir haben in diesem Buch unterschiedliche und einfach zu implementierende Tools vorgestellt, mit denen die Umsetzung der einzelnen Phasen auch fachfremden Personen gelingen soll. Grundsätzlich steht zu Beginn immer das Verständnis: *Warum* müssen wir uns ändern? Wenn erkannt wird, dass das zeitliche Investment in den Ausbau einer Personalstrategie einen immensen wirtschaftlichen Einfluss ausübt, werden diese Inhalte auch von den Geschäftsführungen mitgetragen. Nur gemeinsam lässt sich diese große Veränderung schaffen.

Uns geht es aber nicht nur darum, Unternehmen erfolgreich aufzustellen, sondern auch darum, die Arbeit von Mitarbeitenden in der Produktion attraktiver zu gestalten. Wie in Kapitel 1 beschrieben, sind diese die Säulen unserer deutschen Wirtschaft. Die Bereitschaft, in starren Schichtdiensten zu arbeiten, wird mehr und mehr abnehmen. Dem wollen wir mit maximal attraktiven Angeboten begegnen. In unserer Praxis haben wir erfahren, dass die Belegschaft im produzierenden Betrieb mehr erwartet. Im Grundverständnis von New Work wollen Beschäftigte beteiligt und entwickelt werden sowie aktiv mitbestimmen. Sie wollen eine Rolle im Unternehmen spielen und nicht nur eine unwichtige Produktionsnummer sein. Dies gilt es in das Arbeitsverhältnis einzubauen. Wenn Mitarbeitende sich in einem Unternehmen entfalten dürfen, dann gibt es viele Vorteile. Sei es, dass Abläufe effizienter werden oder Innovationen entstehen – die Mitarbeitenden als Individuen können immer einen großen Beitrag für das Unternehmen leisten.

In heutigen Zeiten, die auf so vielen Ebenen herausfordernd sind, ist es notwendig, sich auf das menschliche Miteinander zu besinnen. Wie will man sich als Arbeitgeber positionieren? Wie will man sich als Arbeitnehmer oder Arbeitnehmerin beim Arbeitgeber einbringen? Wir nehmen derzeit viele sehr konfliktbehaftete Bewegungen wahr:

Da sind zum einen die Arbeitgeber, die in wirtschaftlich sehr herausfordernden Zeiten ihr Unternehmen überlebensfähig halten wollen. Für das Jahr 2024 gab das Statistische Bundesamt schon im April einen Einblick in die beantragten Regelinsolvenzen, die mit 33,5 % höher lagen als für den Vergleichszeitraum 2023.[17] Eine bedrückende Zahl, die plakativ herausstellt, wie prekär die Lage in Deutschland ist. Wir wollen dafür werben, dass Unternehmen mit einer gut ausgeklügelten

Personalstrategie auch Kosten einsparen können, was sich dann wiederum positiv auf den Erfolg auswirkt. Wir sind fest davon überzeugt, dass hohes Engagement der Mitarbeitenden einen großen Einfluss auf messbare Zielwerte hat. Kann man damit alle Probleme lösen? Nein. Jedoch darf man die Stellschraube Mensch im Unternehmen niemals unterschätzen.

Zum anderen haben wir es mit Beschäftigten zu tun, die sich selbst durch Zeiten großer Unsicherheit navigieren müssen. Pandemie, Krieg, Inflation, geringes Wirtschaftswachstum – all dies ist Teil der Lebensrealität von Mitarbeitenden. Die Ansprüche, die jedoch oft thematisiert werden, passen nicht zur erlebten Wirklichkeit. So fordern viele die Vier-Tage-Woche, ohne die wirtschaftlichen Implikationen näher zu beleuchten. Ein Arbeitgeber muss auf diese Bedürfnisse eingehen, wir empfehlen dabei die in diesem Buch beschriebene transparente Kommunikation. Wissen die Mitarbeitenden um die wirtschaftliche Situation, so können sie sich selbstbestimmt einbringen, um diese zu verändern.

Unser Anliegen ist es, Hürden zu verringern und das gemeinsame Ziel in den Vordergrund zu stellen. Dies gelingt am einfachsten, wenn sich der Arbeitgeber auf die Bedürfnisse der Mitarbeitenden einstellt und die Beschäftigten wiederum aktiv an der Gestaltung des Unternehmens mitwirken können. Es ist kein Kampf gegeneinander, sondern ein Miteinander.

In den vergangenen Jahren wurden die Blue-Collar-Mitarbeitenden vernachlässigt, ihre Ressourcen wurden als selbstverständlich betrachtet. Wir wollen das ändern. Ein Unternehmen kann mit niedrigschwelligen Instrumenten große Veränderungen erzielen. Wir plädieren: Die Verflechtung eines strategisch ausgerichteten Employee Lifecycles in die Unternehmenskultur ist die Säule für den Erfolg eines jeden Unternehmens. Der Mensch steht im Fokus, ohne Mensch kein Erfolg.

Ist das Prinzip New Work also die Lösung für alles? Eher nicht. New Work ist in den vergangenen Jahren ein Trendthema geworden, auf das sich alle möglichen Experten beziehen. Es wurden unzählige New-Work-Beratungen gegründet, unzählige selbst ernannte Experten haben zu dem Thema öffentlich Stellung bezogen, sodass für uns New

Work oft nur eine leere Hülle bleibt. Wir nehmen wahr, dass sich wenige Personen aus der wirklichen Praxis mit diesen Themen beschäftigen und Expertentum aus reiner Theorie erschaffen wurde. Für uns ein Spannungsfeld, das wir gerne auflösen wollen, denn wir haben im gesamten Buch unsere Erfahrungen aus der Praxis zusammengefasst, um diese Lücke zu schließen. Schaut man sich die einzelnen Inhalte der sogenannten New-Work-Experten genauer an, dann kehren wir doch sehr schnell zur Basis zurück, die wir auch in diesem Buch aufgenommen haben: menschenzentrierte Unternehmensführung. Ist das unbedingt New Work? Nein, auf keinen Fall. Es klingt sicherlich attraktiver und beschreibt als Buzzword den Aufbruch in eine neue Zeit.

Für uns ist dieses Buch daher auch auf keinen Fall ein New-Work-Ratgeber. Das war niemals unser Anspruch. Wir haben in unserer Praxis in den letzten Jahren sehr intensiv verstanden, dass sich der produzierende Betrieb von heute grundlegend ändern muss. Braucht es dafür Tischkicker, Obstkörbe und die Vier-Tage-Woche?

Nein. Es braucht ein menschenzentriertes Bild in der Führung und die Einbindung der Mitarbeitenden jeglicher Stufe, um durch Wertschätzung, Transparenz und Klarheit Prozesse nach vorne zu treiben. Es ist eine riesige Veränderung, auf die wir vorbereiten wollen, ob man sie nun New Work nennen will oder auch nicht, das spielt keine Rolle. Auf dem Weg zu einer menschenzentrierten Produktion gibt es viel zu beachten, daher hilft die Anlehnung an die verschiedenen Phasen des Employee Lifecycles, die relevanten Stellschrauben nicht außen vor zu lassen. Da haben wir auf der einen Seite die sehr prägende Rolle der Führungskräfte, die sich von einer hierarchisch geprägten zu einer emotional-intelligenten Führung entwickeln müssen. Da haben wir die Mitarbeitenden, die nicht nur erwarten dürfen, dass man als Arbeitgeber etwas für sie tut, die lernen müssen, dass sie auch etwas für ihren Arbeitgeber tun müssen (über den normalen Arbeitsbezug hinaus), damit eine fruchtbare Wechselwirkung entstehen kann. Wir haben die Funktion der Personalabteilung, die sich am meisten verändern muss, die sich ein neues Selbstbewusstsein erwerben muss, um als Treiber die Veränderungen zu initiieren. Und zu guter Letzt haben wir die Geschäftsführung, die ihr gesamtes Tun neu hinterfragen muss. Von der Frage »What is in it for me?« hin zur Frage »What is in it for all of us and how can we achieve it?« muss es gehen. Dies sind Veränderungen, die die komplette Philosophie eines Unternehmens betreffen. Daher ist es so wichtig, zu betonen, dass ohne professionelle Begleitung im Sinne eines gut aufgesetzten Change-Managements diese Veränderungen nicht langfristig verankert werden. Warum? Menschen sind Gewohnheitstiere, Veränderungen zu akzeptieren und zu implementieren, bedarf einer hohen Form an Disziplin, die im Idealfall immer von außen gesteuert wird. So nimmt man den aufkommenden Emotionen den Spielraum und schafft es, als gemeinsames Team die Prozesse zu verändern.

Ist das jetzt alles New Work? Auch hier lautet die Antwort ganz klar: Nein. Es ist der Wandel einer Unternehmenskultur. Damit wird das Mindset aller Organisationsmitglieder zu einem entscheidenden Erfolgsfaktor. Mitarbeitende müssen an der Entwicklung der Organisation partizipieren (wollen). Entscheidend ist, dass sie sich dazu in der Lage fühlen – fachlich, methodisch und emotional. New Work bedeutet in der Produktion, ein bedürfnisorientiertes Arbeiten in allen Bereichen des Unternehmens anzustreben. Sinnvoll eingesetzte New-Work-Maßnahmen führen zu mehr Erfolg in allen Phasen des Employee Lifecycles. Wir dürfen uns nicht nur auf Retention und Development konzentrieren – ein holistischer Ansatz ist gefragt.

New Work im ursprünglichen Sinne ist eine gesellschaftliche Utopie und damit ein Zielzustand, der wohl kaum zu erreichen ist. In der Praxis ist New Work vielmehr ein fortwährender Prozess der Reflexion und Umgestaltung – der Weg ist das Ziel.

37 Tools

1	Standortbestimmung des eigenen Betriebs
2	Identifikation von Unternehmenswerten
3	Erarbeitung eines Werteversprechens
4	Emotionale Bindung im Recruiting-Prozess
5	KPI für die Time to hire
6	KPI für die Cost per Hire
7	KPI für die Offer Acceptance Rate
8	KPI für die Quality of Hire
9	KPI für die Source of Hire
10	Erwartungsmanagement
11	Aufbau eines Recruiting-Dashboards
12	Zielgruppenspezifische Akquise
13	Top 4 der Ansprache
14	Onboarding-Phasen
15	Checkliste vor dem Onboarding
16	Checkliste für den ersten Arbeitstag
17	Buddy-System
18	Mini-Survey für zielgerichtetes Onboarding
19	Karrieremodell in der Produktion

20	Retro-Board
21	Kündigungsrate
22	Mitarbeiterengagement
23	Abwesenheitsrate
24	Vier Eckpfeiler der Mitarbeiterbindung
25	Kommunikation
26	Purpose-Dialog
27	Steigerung der Partizipation
28	Prio-Board
29	Flexibilität als neuer USP
30	Checkliste für das Offboarding
31	Succession-Management
32	Silo-Abbau
33	Wissensdokumentation und -transfer
34	Alumni-Management
35	Teamentwicklungsphasen nach Tuckman
36	Spielregeln der Zusammenarbeit
37	Canvas-Template für Change-Management

Stichwortverzeichnis

Active Sourcing 61, 104
Alumni-Management 134
Ambassador 42f.

Babyboomer 89
Bergmann, Frithjof 24
Blended Learning 92

Candidate Experience 49f., 52
Cost per Hire (CPH) 53
Costs of poor Quality (CopQ), 129

Employee Experience 30
Employer Brand 32, 34f.
Employer Value Proposition 35, 37

Flexible Work Policy 10
Fluktuationsquote 14

Generation Alpha 36
Generation X 100
Generation Y 100f.
Generation Z 36

Humanisierung der Arbeit 20

Just-in-time-Produktion 15

Key Performance Indicators (KPI) 43
KI 17
KMU 8

Lean Administration 23
Lean Logistics 23
Lean Maintenance 23
Lean Management 22f.
Lernkultur 93

Maschinelles Lernen 17

New Joiner 64f., 69
New-Work-Charta 25

Offer Acceptance Rate (OAR) 53
Organisationale Resilienz 16

Partizipation 114f
People Analytics 47, 52, 85
Personal Branding 45
Psychologische Sicherheit 95
Purpose 109

Quality of Hire (QOH) 53

Re-Skilling 87, 90
Retention 32f., 81f., 97–101, 104f., 107, 109, 111, 120, 126, 153, 158

Smart Factory 88
Source of Hire (SOH) 54
Stakeholder 109, 111
Succession-Management 130
Supply-Chain-Management 15

Taylorismus 20
Teamentwicklungsphasen 144
Teilautonome Arbeitsgruppen 21

Time to hire (TTH) 52
Top-down-Managementansatz 19

Up-Skilling 87, 90

Anmerkungen

1. Destatis, 2024a
2. Ostwald et al., 2016
3. Rudnicka, 2024
4. Hartwig et al., 2016, S. 4
5. Fraunhofer-Institut für Kognitive Systeme IKS, 2024, Abschnitt 2
6. Bergmann, 2004, S. 12
7. Väth, 2019
8. OECD, 2022
9. Bauer, 2010
10. Klinghoffer et al., 2018
11. European Commission, 2024
12. Schneemann et al., 2023
13. McKinsey Global Institute, 2021
14. SAP, 2024
15. Bachmann et al., 2022
16. Paulise, 2021
17. Destatis, 2024b

Quellenverzeichnis

Bachmann, R., Hertweck, F., Kamb, R., Lehner, J., & Niederstadt, M. (2022). Digitale Kompetenzen in Deutschland. *Zeitschrift für Wirtschaftspolitik, 71* (3), 266–286. Abgerufen unter: https://doi.org/10.1515/zfwp-2022-2082

Bauer, T. (2010). Onboarding New Employees. Maximizing Success. *SHRM Foundation*. Abgerufen unter: https://www.shrm.org/content/dam/en/shrm/topics-tools/news/talent-acquisition/Onboarding-New-Employees.pdf

Bergmann, F. (2017). Neue Arbeit, neue Kultur. Arbor Verlag.

Destatis (2024a). Kleine und mittlere Unternehmen (KMU): Definition. *Statistisches Bundesamt*. Abgerufen unter: https://www.destatis.de/DE/Themen/Branchen-Unternehmen/Unternehmen/Kleine-Unternehmen-Mittlere-Unternehmen/Glossar/kmu.html

Destatis (2024b). Beantragte Regelinsolvenzen im Juni 2024: +6,3 % zum Vorjahresmonat. [Pressemitteilung]. *Statistisches Bundesamt*. Abgerufen unter: https://www.destatis.de/DE/Presse/Pressemitteilungen/2024/07/PD24_270_52411.html#:~:text=Im%20April%202024%20meldeten%20die,rund%2011%2C4%20Milliarden%20Euro

Ebert-Steinhübel, A. (2013). Kommunikation im Change-Prozess. Abgerufen unter: https://www.ifc-ebert.de/wp-content/uploads/2017/12/Kommunikation_im_Change-Prozess.pdf

European Commission (2024). ERA Industrial Technologies Roadmap on Human-Centric Research and Innovation for the Manufacturing Sector. *EU Publication*. Abgerufen unter: https://op.europa.eu/en/publication-detail/-/publication/4a5594d1-4ee3-11ef-acbc-01aa75ed71a1

Fraunhofer-Institut für Kognitive Systeme IKS (2024). *Künstliche Intelligenz (KI) und maschinelles Lernen*. Abgerufen unter: https://www.iks.fraunhofer.de/de/themen/kuenstliche-intelligenz.html

Hartwig, M., Kirchoff, B., Lafrenz, B.; Barth, A. (2016). Psychische Gesundheit in der Arbeitswelt. Organisationale Resilienz. Bundesanstalt für Arbeitsschutz und Arbeitsmedizin (BAuA). Abgerufen unter: https://10.21934/baua:bericht20160713/5

Haufe Online Redaktion (2023). *Studie offenbart zu wenige Strukturen beim Onboarding.* [Pressemitteilung]. Abgerufen unter: https://www.haufe.de/personal/hr-management/umfrage-zum-onboarding-in-unternehmen_80_396926.html

Klinghoffer, D., Young, C., & Liu, X. (2018). To Retain New Hires, Make Sure You Meet with Them in Their First Week. *Harvard Business Review.* Abgerufen unter: https://hbr.org/2018/06/to-retain-new-hires-make-sure-you-meet-with-them-in-their-first-week

Kübler-Ross, E. (2014) Interviews mit Sterbenden. Kreuz, Freiburg im Breisgau.

McKinsey (2021). *Umbruch am Arbeitsmarkt – Bis 2030 droht bis zu vier Millionen Deutschen Jobwechsel.* Abgerufen unter: https://www.mckinsey.de/news/presse/mckinsey-global-institute-future-of-work-after-covid-19

OECD (2022). *Bildung auf einen Blick 2022.* Abgerufen unter: https://www.oecd-ilibrary.org/education/bildung-auf-einen-blick-2022_dd19b10a-de

Ostwald, D., Hofmann, S., Stohr, D., Heieck, O. (2016). Demografischer Wandel: In Deutschland werden Arbeitskräfte rar. PricewaterhouseCoopers Aktiengesellschaft Wirtschaftsprüfungsgesellschaft. Abgerufen unter: https://www.wifor.com/uploads/2020/05/Ostwald-et-al.-2016-Demografischer-Wandel-In-Deutschland-werden-Arbei.pdf

Paulise (2021). Why Millennials and Gen-Z Are Leading the Great Resignation Trend. *Forbes.* Abgerufen unter: https://www.forbes.com/sites/lucianapaulise/2021/10/26/why-millennials-and-gen-z-are-leading-the-great-resignation-trend

Rudnicka, J. (2024). Beschäftigte im produzierenden Gewerbe in Deutschland bis 2023. Abgerufen unter: https://de.statista.com/statistik/daten/studie/2190/umfrage/anzahl-der-erwerbstaetigen-im-produzierenden-gewerbe

SAP (2024). *What is a Smart Factory?* Abgerufen unter: https://www.sap.com/products/scm/ what-is-a-smart-factory.html

Schneemann, Ch., Zenk, J., Zika, G., Kalinowski, M., Krebs, B., Maier, T., Bernardt, F., Krinitz, J., Mönnig, A., Parton, F., Ulrich, P. & Wolter, M. I. (2023): Langfristprojektion des Fachkräftebedarfs in Deutschland, 2021–2040. Szenario »Fortschrittliche Arbeitswelt«

(Annahmensetzung nach dem Koalitionsvertrag von 2021). BMAS Forschungsbericht 617, Berlin.

Spreitzer, G. M. (1995). Psychological Empowerment in the Workplace: Dimensions, Measurement, and Validation. *Academy of Management Journal, 38*(5), 1442–1465. Abgerufen unter: https://doi.org/10.2307/256865

Tuckman, B. W. (1965). Developmental Sequence in Small Groups. *Psychological Bulletin, 63*(6), 384–399. Abgerufen unter: https://doi.org/10.1037/h0022100

Väth, M. (2019). *New Work Charta.* Humanfy. Abgerufen unter: https://humanfy.de/new-work-charta

XING (2023). *XING Studie »Hätte ich's doch gleich gewusst«: Jeder zweite Deutsche hat bereits im ersten Jahr einen neuen Job wieder gekündigt.* [Pressemitteilung]. Abgerufen unter: https://www.new-work.se/de/newsroom/pressemitteilungen/2023-pm-xing-studie-haette-ich-es-doch-gleich-gewusst

Über die Autorinnen

Friederike Hohenstein ist promovierte Arbeits- und Organisationspsychologin. Nach Positionen bei der Allianz und bei Mazars arbeitet sie heute als globale HR-Chefin für einen amerikanischen Industriekonzern, der sich auf die Produktion von Werkzeugen spezialisiert hat. Rund 2500 Mitarbeitende in elf Werken weltweit werden von der Autorin und ihrem Team in allen HR-strategischen und -operativen Themen begleitet.

Helen Heitmann ist Wirtschaftspsychologin (M.Sc.). Als Mitglied der Gen Z hat Helen Heitmann schon immer einen anderen Blick auf die Arbeitswelt. So hat sie sich schon während ihrer Tätigkeit als Werkstudentin bei der Allianz damit auseinandergesetzt, wie man Vertrieb attraktiver für die kommenden Generationen aufstellen kann, um Talente langfristig zu gewinnen und zu binden. Anschließend hat sie sich der Organisationsentwicklung verschrieben und bei Mazars konkrete Strategien entwickelt und umgesetzt, die die Arbeit nachhaltig attraktiver, flexibler und somit erfolgreicher machen sollen. Heute arbeitet sie als Senior HR Organizational Change Managerin.

ZUKUNFT AKTIV GESTALTEN!

GLEICH WEITERLESEN?

Von New Work über Transformation bis zu Künstlicher Intelligenz – unsere Bücher beleuchten die **aktuellen Trends in Wirtschaft und Gesellschaft** und liefern Antworten auf drängende Fragen unserer Zeit.

Scannen Sie den QR-Code und finden Sie in den **Leseproben** praktische Tipps zu den Themen **Innovation und Zukunftsfähigkeit**. Ihr Lieblingsbuch bestellen Sie anschließend mit einem Klick beim Shop Ihrer Wahl!

gabal-verlag.de
gabal-magazin.de